Mamma Agata

Für meine Eltern, die mir beigebracht haben, zu lieben, zu teilen und alles, was ich tue, mit Liebe und Aufrichtigkeit zu tun.

Für meinen wunderbaren Ehemann Gennaro, der alle meine Ideen unterstützt, mich auf meinem Weg begleitet und in unserem gemeinsamen glücklichen und erfüllten Leben tagtäglich an meiner Seite ist.

Für meine geliebten Kinder Mario und Paola, die das Licht und die Freude meines Lebens sind.

Chiara Lima

CHIARA LIMA

Mamma Agata

Rezepte einer italienischen Familie, die mit Liebe und Leidenschaft kocht

Aus dem Englischen von Ingrid Ickler

edition styria

Inhalt

Mamma Agata
COOKING SCHOOL ON THE AMALFI COAST
Mamma Agata
www.mammaagata.com

treasure

Mamma Agatas Geschichte

Ich bin Chiara Lima, Mamma Agatas Tochter.

Meine Mutter, Agata Amato, wird meist liebevoll »Mamma Agata« genannt. Ich führe Sie durch dieses Buch, auf einem Weg, der einem Spaziergang durch einen Garten der Sinne ähnelt, einem Garten voller Aromen, Farben und Gerüche. Teilen Sie mit uns die Freude an gutem Essen und lernen Sie die kulinarische Tradition unserer Familie kennen!

Beginnen wir bei Mamma Agata. Mamma Agata wurde am 25. Februar 1942 in Ravello geboren. Es herrschte Krieg, das Leben war hart, die Menschen waren arm. Agata wurde in eine typische italienische Großfamilie hineingeboren, sie hatte sieben Geschwister. Wie in vielen großen Familien war das Geld knapp. Zum Glück besaßen die Amatos ein Stück Land, eine Kuh, ein paar Hühner und Kaninchen. Schon von Kindesbeinen an lernte Agata, dass sie arbeiten und stark sein musste, wenn sie überleben wollte. Diese Zeit hat Agata geprägt und aus ihr die temperamentvolle Frau gemacht, die wir heute kennen, lieben und verehren.

Mamma Agata in einem italienischen Oldtimer.

Schon als Kind lernte Agata die kleinen Freuden des Lebens schätzen und entwickelte tiefen Respekt für die Erde und die Tiere. Früh war ihr bewusst, dass der Ackerboden der Familie Gemüse, die Kuh Milch für die Kinder und die Hühner Eier lieferten. Zu ganz besonderen Anlässen wurde ein Kaninchen geschlachtet.

Auch heute noch spielen diese einfachen Dinge eine zentrale Rolle in unserem Leben. Für Agata waren sie niemals selbstverständlich und die Wertschätzung für das Einfache wurde ihr »modo di vivere«, ihr Lebensmotto. Noch heute bereitet sie jedes

Linke Seite: Mamma Agata mit ihrem berühmten Zitronenkuchen.

Mamma Agata bei einem Rombesuch.

noch so schlichte Gericht für ihre Familie mit derselben Sorgfalt zu wie ein Hochzeitsmenü, ein festliches Essen auf der Terrasse oder die Präsentationen für unsere Kochschule.

Bereits mit acht Jahren begann Agata zu Hause zu kochen. Nach und nach lernte sie von ihrer Mutter, ihrer Großmutter und ihren Tanten alle Tricks und Kniffe. Nicht immer klappte alles beim ersten Mal, aber ihre Lehrmeisterinnen brachten ihr bei, Mut und Stärke zu zeigen und vor allem nie aufzugeben, eine Eigenschaft, die sich tief in ihre Seele eingebrannt hat.

Agata entwickelte tiefen Respekt vor Nahrungsmitteln und verinnerlichte die Maxime ihrer Eltern: Hilfsbereitschaft und Großzügigkeit. Das Wenige, das sie hatten, teilten sie mit den Menschen, denen es noch schlechter ging. Gerade diese Freigebigkeit hat Agatas Persönlichkeit entscheidend geprägt.

Als junges Mädchen gehörte es zu Agatas Pflichten, in den nahen Bergen Kräuter zu pflücken und sich um den Garten in Ravello zu kümmern. Manchmal wurden die Eier der Hühner gegen Mehl und ein Kaninchen gegen Kleidung und Schuhe für die Kinder eingetauscht. Einmal im Monat wurden zwei Sorten Brot gebacken: ein weiches Weißbrot und eine Art Zwieback, der sich bis zu vier Wochen lang frisch hielt. Alle Reste wurden selbstverständlich mit denen geteilt, die weniger hatten.

Mamma Agata und ihre Schwester Rita bei der Zitronenernte.

In ihrer Jugend liebte Agata das Schreiben und sie träumte davon, Journalistin zu werden. Leider konnten sie ihre Eltern nicht auf die höhere Schule schicken. Deshalb begann sie, Tagebuch zu schreiben und diesem glücklichen Umstand verdanken wir die Überlieferung zahlreicher Familienrezepte.

Bereits als junges Mädchen war Agata neugierig auf alles, besonders auf das, was mit dem Kochen zusammenhing. Ihr Wissensdurst war kaum zu stillen. Aber sie interessierte sich nicht nur für das, was in der Küche passierte. Sie besuchte die Bauern auf dem Land, um zu lernen, wie man Gemüse anbaut, beschäftigte sich intensiv mit Kräutern und experimentierte Tag für Tag, wie sie deren wunderbare Aromen in der Küche einsetzen konnte. Sie unterhielt sich auch gerne mit den Fischern, die ihr Geschichten vom Meer erzählten und ihr verrieten, welche der vor der Amalfiküste heimischen Fische besonders schmackhaft sind und wie man sie am besten zubereitet.

Villa Civita.

Als ihre Großeltern noch bei guter Gesundheit waren, verbrachte Agata viel Zeit mit ihnen, um so viel wie möglich von ihrem reichen Erfahrungsschatz zu lernen. Schon damals war man in Ravello sehr erstaunt, dass sich ein junges Mädchen so sehr für das

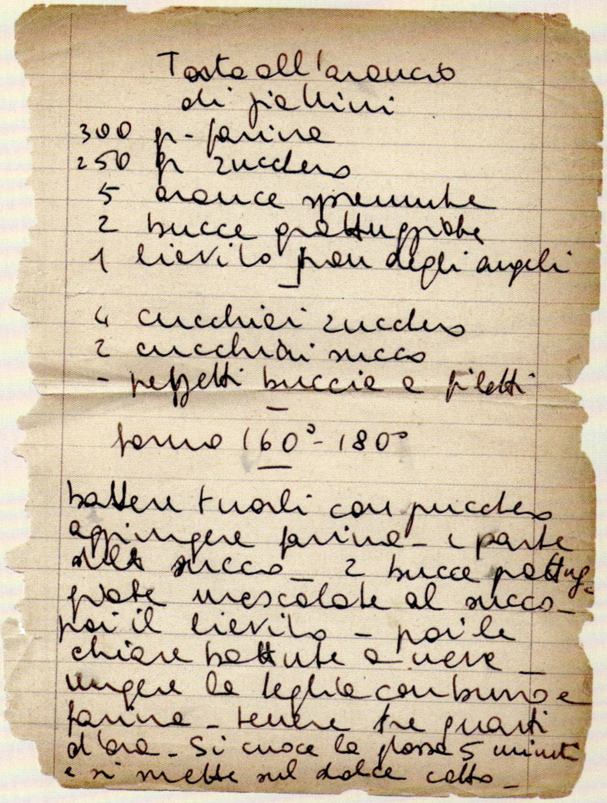
Torta all'arancia
di Pellini
300 g. farina
250 g zucchero
5 arance spremute
2 bucce grattuggiate
1 lievito pan degli angeli
4 cucchiai zucchero
2 cucchiai succo
forno 160°-180°

Land, die Kultur und die regionale Küche interessierte. Im Laufe ihres Lebens hat Agata – auf diesen Grundkenntnissen aufbauend – ihr Wissen Zug um Zug erweitert und uns unvergleichliche kulinarische Geschenke gemacht.

Aber nichts von dem, was Agata in ihrer Kindheit erfahren und gelernt hatte, war unnütz. Ausgestattet mit diesem Rüstzeug, begann sie bereits mit dreizehn Jahren für andere zu kochen, um das Einkommen ihrer Familie aufzustocken.

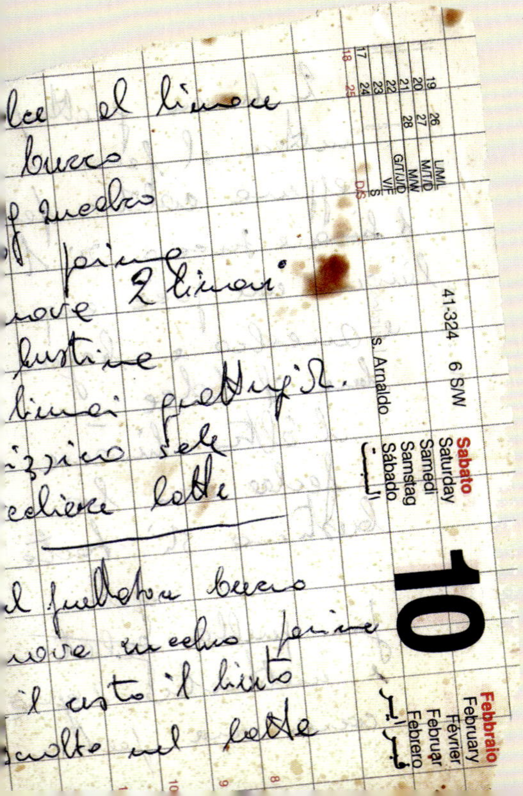

Dabei hatte sie großes Glück, das Glück des Tüchtigen. Ihre erste Arbeitgeberin war Marajen Stevick Chinigo, eine reiche Amerikanerin, die in Ravello in einem herrlichen Anwesen hoch über dem Meer lebte. Sie war von Agatas Kochkünsten so begeistert, dass sie das Mädchen in der legendären Villa Civita als Köchin anstellte.

Bereits nach kurzer Zeit galt Agatas Küche als kulinarischer Geheimtipp. Es war nichts Ungewöhnliches für sie, für Ms. Chinigos illustre Gäste zu kochen, unter denen sich viele berühmte Schauspieler und namhafte Politiker

Links und oben: Aus Mamma Agatas Rezeptkladde.

Mamma Agata und Papà Salvatore bei ihrer Hochzeit.

der damaligen Zeit befanden. Überflüssig zu erwähnen, dass es Agata mit ihrem Naturtalent und ihrem Fingerspitzengefühl bereits nach wenigen Monaten gelungen war, die Gäste davon zu überzeugen, die klassischen amerikanischen Gerichte nach und nach durch Spezialitäten der Amalfiküste zu ersetzen. Sie waren begeistert.

Da sie noch so jung war, gab ihr Humphrey Bogart, der in dieser Zeit oft Gast bei Ms. Chinigo war, den Spitznamen »Baby Agata«. Der überaus charmante und witzige Schauspieler war schon damals von Agatas heute so berühmtem Zitronenkuchen begeistert. Nachdem er ihn einmal probiert hatte, musste er jeden Tag zum Frühstück ein Stück Zitronenkuchen haben! Mamma Agata erinnert sich noch gut an ein anderes Lieblingsgericht von Humphrey Bogart, *alici fritti* (frittierte Sardellen), die er am liebsten nachmittags auf der Terrasse genoss und dabei aufs Meer hinausblickte.

Jeden Morgen besprachen Ms. Chinigo und Agata den Speiseplan für den Tag, so war es jedenfalls geplant. Doch bereits nach kurzer Zeit überließ die Hausherrin Agata diese Aufgabe ganz allein. Sie vertraute Agatas Kochkünsten voll und ganz, egal, ob für ein Essen im kleinen Kreis oder für festliche Menüs.

Mamma Agata mit ihren beiden Töchtern Giovanna und Chiara.

Meine Mutter weiß viele Geschichten aus den fünfzehn Jahren zu erzählen, in denen sie für Ms. Chinigo gearbeitet hat, über ihre Erlebnisse mit den zahlreichen Hollywoodstars, die sie in dieser Zeit getroffen hat.

Besonders gern erinnert sie sich an Ms. Chinigos rauschende Cocktailpartys. Jeden Samstagabend floss der Champagner in Strömen, die Gäste wurden mit russischem Kaviar verwöhnt, aber natürlich auch mit Agatas einfachen und bodenständigen Gerichten. Selbst bei diesen gesellschaftlichen Highlights, die bis in die Nacht hinein dauerten, und wo sich die Crème de la Crème aus Politik und Showgeschäft traf, war Agata die Hauptverantwortliche für das leibliche Wohl der Gäste. Noch heute bekommt Mamma Agata glänzende Augen, wenn sie davon erzählt.

Egal, ob sie für eine große Gesellschaft oder für einen kleinen Imbiss am Pool kochte, sie blieb stets ihrer Linie treu. Eines ihrer Talente war, dass sie sich an die Vorlieben der berühmten Gäste erinnern konnte. Immer wenn Fred Astaire zu Ms. Chinigo kam, wurde ihm sein Lieblingsessen serviert und danach tanzte er mit der Mutter der Gastgeberin über den Hof. Agata war begeistert: Das Kino kam direkt zu ihr!
Mamma Agata hat noch viele Erinnerungen an die damalige Zeit. Einmal bereitete sie zum Beispiel für Anita Ekberg, der berühmten schwedischen Schauspielerin, das traditionelle Familienrezept für Pappardelle mit Paprika, Würstchen und Hackfleischbällchen zu.

Mamma, was gibt's?

Mamma Agata und ihre Töchter beim Sonntagsspaziergang.

Ihr Lieblingsgast war aber Jacqueline Kennedy, die sie mit ihrer »eleganza molto semplice«, ihrer schlichten, unverwechselbaren Eleganz, tief beeindruckt hatte. Agata war regelrecht fasziniert von ihr und schaute ihr gerne dabei zu, wie sie am Pool Tomaten mit Mozzarella und Basilikum oder einen Teller *Spaghetti del contadino* genoss. Der kleine John-John dagegen liebte Agatas Zitronenkuchen, was sie ebenso glücklich machte.

Mamma Agata genoss auch bei der italienischen High Society einen guten Ruf als Köchin, zum Beispiel bei den Agnellis. Dort war ihre *Pizza fritta* der Höhepunkt bei Familienfeiern, aber auch ihr Zitronenkuchen durfte nicht fehlen.

Neben berühmten Schauspielern, Künstlern und Politikern traf Agata in der Villa Civita auch die Liebe ihres Lebens, Salvatore. Sie heirateten und bekamen zwei Töchter, meine Schwester Giovanna und mich, Chiara.

Irgendwann begann meine Mutter, ihre köstlichen Kuchen, selbst gemachten Zitronenlikör und diverse Marmeladensorten an Feriengäste zu verkaufen, die in gemieteten Häusern oder Appartements wohnten.

Für die Familie tat Mamma Agata alles. Deshalb wundert es nicht, dass sie Tag und Nacht arbeitete, um meine Schwester und mich auf die Universität schicken zu können. Sie beschwerte sich nie oder vergoss nie auch nur eine Träne über ihr hartes

Aus dem Familienalbum.

Leben, ihre positive Einstellung und ihr tiefer Glaube halfen ihr selbst in Krisenzeiten, immer eine Lösung zu finden.

Ein Journalist beschrieb Agata einmal als eine »Heldin«, die es versteht, die traditionellen Werte als Hausfrau, Mutter und Köchin mit dem Rollenbild einer für damalige Verhältnisse modern denkenden Frau zu vereinbaren.

Nach den Festen in der Villa Civita bat Agata immer darum, die Reste mitnehmen zu dürfen, um sie mit der Familie, Freunden oder auch mit Fremden zu teilen, von denen sie wusste, dass sie ihre Unterstützung brauchten. Mamma Agata war glücklich und zufrieden, helfen zu können. Dieser Sinn für Wohltätigkeit hat die Lebenseinstellung unserer Familie geprägt. Auch heute werfen wir nichts weg, sondern verteilen das, was bei Festessen und Hochzeiten übrig geblieben ist, an bedürftige Menschen.

Ostern ist bei uns zu Hause eine besonders festliche und segensreiche Zeit. Traditionell bereitet Mamma Agata zum Fest den klassischen italienischen Osterkuchen zu, die *Pastiera napoletana*. Das dauert viele Stunden, denn der Kuchen besteht aus über zwanzig Zutaten. Es ist sehr anstrengend und ermüdend, so lange in der Küche zu stehen, bis alle *pastiere* fertig sind. Da Mamma Agata nicht mehr die Jüngste ist, bitten wir sie immer wieder, sich auszuruhen oder nicht ganz so viele Kuchen zu backen. Aber davon will sie partout nichts hören!

Mamma Agata wieder mal in Rom.

Auch heute noch backt sie zu Ostern mindestens dreißig Pastiere, um sie an Freunde, Verwandte, Nachbarn, Witwen und Witwer zu verteilen. Auch die Feriengäste und die Armen vergisst sie nicht.

In unserer kleinen Welt in Ravello gehören gutes Essen und Trinken zu unserem Leben. Essen und Trinken an der Amalfiküste ist Ausdruck der Freude am Leben, Ausdruck aber auch der Liebe und des Respekts für unsere kulinarische Kultur.

Öffnen Sie Mamma Agatas Schatzkästchen und probieren Sie unsere Rezepte zu Hause aus. Sie werden Ihre Familie, Freunde und Gäste mit diesen schlichten, bodenständigen Gerichten begeistern und jede Mahlzeit in ein kulinarisches Erlebnis verwandeln.

In diesem Sinne: buon appetito

Chiara Lima

treasure
mamma agata
COOKING SCHOOL ON THE AMALFI COAST

Die Kochschule

Auf den folgenden Seiten erzähle ich die Geschichte von »The Hidden Treasure«, der Kochschule. Sie ist der Meilenstein im Leben von Mamma Agata, unserer Familie und mir selbst.

Als ich gerade einundzwanzig geworden war, verließ ich Ravello – um meinen Horizont zu erweitern, neue Kulturen zu entdecken und andere Sprachen zu lernen. Aber schon nach fast sechs Jahren in der Fremde, mit Aufenthalten in Deutschland, England, der Schweiz und in Irland, in Ländern, in denen ich studiert, neue Freunde gefunden und im Bereich des Tourismus gearbeitet hatte, packte mich das Heimweh. Es war Zeit, mit neuen Erkenntnissen und Erfahrungen nach Hause in mein geliebtes Ravello zurückzukehren. Mir war klar geworden, was mir all die Jahre gefehlt hatte: die Familie – und die verführerischen Düfte aus Mamma Agatas Küche – besonders sonntagmorgens, wenn die Fleischsauce auf dem Herd stundenlang vor sich hin köchelte.

Ich hatte die herrlichen heißen Sommertage in Ravello vermisst, an denen die Sonne auf unser Haus auf dem Felsen hoch über dem Meer brannte. Ich hatte die Gärten vermisst, den würzigen Geruch von frisch gemähtem Gras und den Duft der Trauben während der jährlichen Weinlese. Eigentlich wollte ich nach meiner Rückkehr in der Hotellerie arbeiten. Aber als ich in Ravello ankam, wurde mir schnell klar, dass ich zu Hause gebraucht wurde.

Mamma Agata hatte mir vorher nichts erzählt – von ihren Problemen, davon, welch große Mühe es meinen Vater Salvatore kostete, den großen Garten alleine zu be-

Mamma Agatas »offizielle« Rezeptkladde.

wirtschaften. Oft musste er Helfer einstellen, die ihn bei der Pflege der Zitronenbäume unterstützten, tiefe Gräben zur Bewässerung zogen und den steinigen Boden pflügten. Auch die Oliven- und die Weinernte konnte er selbst mit Hilfe meiner Mutter nicht mehr bewältigen.

Ich musste demnach einen Weg finden, der sicherstellte, dass dieses kleine Familienunternehmen weiterbestehen konnte. Immer wieder dachte ich an das, was Mamma Agata mir aus ihrer Jugend erzählt hatte, als sie für Berühmtheiten wie Gore Vidal, Giovanni Agnelli, Humphrey Bogart und Jacqueline Kennedy gekocht hatte. Warum also nicht dort anknüpfen und eine Kochschule gründen?

Tief in mir hatte ich die Stimme meiner geliebten Großmutter Chiara gehört, die ihre Familie und den Besitz ebenso sehr geliebt hatte wie ich. Sie war immer mein Schutzengel gewesen. Und auch jetzt wusste ich, dass sie es war, die mir den Weg wies.

Mamma Agatas Kochkünste waren weit und breit bekannt, alle schwärmten davon. Unsere Nachbarn kamen immer wieder, um sich bei ihr Rat zu holen, wenn etwas Besonderes auf ihrem Speiseplan stand. Ich spürte, dass die bodenständigen Rezepte meiner Mutter gerade bei den Menschen aus der Stadt, die von naturbelassenen Gerichten aus frisch geern-

Meine Großeltern: Großmutter Chiara und Großvater Pantaleone.

Mein Mann Gennaro kocht Mamma Agatas berühmte Tomatensauce.

tetem Gemüse und Obst nur träumen konnten, ein Riesenerfolg werden würden. Mamma Agatas Zitronenkuchen, ihre Hackfleischbällchen, die Auberginen-Parmigiana und ihre Pizza – all das musste einen Weg hinaus in die Welt finden!

Die Idee zur »Hidden- Treasure-Kochschule« war geboren.

1994 begann ich, für das Projekt zu werben. Damals war das allerdings nicht so einfach wie heute. Wir hatten keinen Computer und natürlich keine Website im Internet. Wie also konnten wir viele Menschen gleichzeitig erreichen?

Nach langen Recherchen fand ich schließlich in England eine Firma, die uns eine Website kreierte, damit wir unser Unternehmen vorstellen konnten: Mamma Agatas Kochschule an der Amalfiküste! Das verschlang erst einmal alle unsere Ersparnisse. Ein Jahr später konnten wir uns endlich einen Computer mit Internetanschluss leisten, bis dahin hatte ich alles via Fax abgewickelt. Jetzt war der Weg frei, weltweit Werbung für unsere Kochschule zu machen.

Mamma Agatas Gnocchi di patate.

Mamma Agata liebt Salsiccia.

Chiara Lima.

Anfangs hielt sich das Interesse in Grenzen, aber die wenigen Schüler und Schülerinnen waren begeistert von Mamma Agata und ihren Gerichten. Sie machten Werbung für die Kochschule und schon bald war sie ein Geheimtipp für Menschen aus aller Welt, um die einfache traditionelle italienische Küche kennenzulernen. Und das mit Zutaten aus dem eigenen Garten!

Großmutter Chiara hielt weiter ihre schützende Hand über die Kochschule. Bald wurden die Medien aufmerksam und schrieben begeisterte Artikel über das »Hidden Treasure« und Mamma Agatas Kochkurse, über ihr bewegtes Leben als Köchin der High Society und natürlich über ihre Leidenschaft für einfaches und ehrliches Kochen.

Schnell wurde Mamma Agata über Ravello und die Amalfiküste hinaus berühmt. Unzählige Artikel sind über sie geschrieben worden, unter

Probieren macht Spaß!

Lehrstunde.

anderem im Lexus Magazine, Elle Magazine, Cosmopolitan, Condé Nast Traveller, Food & Wine Magazine und vielen anderen Küchen- und Reisemagazinen.

Unser kleines Familienunternehmen war gerettet! Mamma Agatas unermüdliche Schaffenskraft, ihre Leidenschaft und ihre Großzügigkeit sind der Quell für anhaltende Freude. Und diese Freude möchten wir mit anderen Menschen teilen.

Heute begrüßen wir in Ravello zu den unterschiedlichsten Anlässen Gäste aus aller Welt, Menschen jeden Alters feiern hier Geburtstage, Flitterwochen oder romantische Hochzeiten.

»The *Hidden* Treasure«

Warum unsere Kochschule »The Hidden Treasure« heißt? Einer der Gründe ist die unvergleichliche Lage unseres »Schatzkästleins« etwa dreihundert Meter über dem Meer. Herz des Landguts ist das altehrwürdige Gebäude, das majestätisch auf dem Felsen thront und von dem man eine atemberaubende Aussicht auf die Amalfiküste hat. Dort befindet sich Mamma Agatas Kochschule.

Wenn Sie am Rand des Felsplateaus stehen, blicken Sie auf die herrlichen grünen Hügel. Ein Stück weiter sehen Sie das Meer mit seinen verschiedenen Blauschattierungen. An manchen Tagen lässt sich kaum noch feststellen, wo das Meer endet und der Himmel beginnt.

»The Hidden Treasure« wurde vor etwa zweihundertfünfzig Jahren errichtet, nachdem unsere Familie den Grund und Boden erworben hatte. Mamma Agata, Salvatore, Gennaro und ich, unsere Kinder Mario und Paola leben in der vierten, fünften und sechsten Familiengeneration hier. Es waren meine Ururgroßeltern, die damals Pionierarbeit leisteten. Sie bauten die Zisternen, die Terrassen des Gemüsegartens und sogar das Haus. Hier stand vorher gar nichts. Als sie Kinder bekamen, wurde das Gelände, das bis hinunter zum Meer reichte, aufgeteilt. Und so ging es immer weiter, die Familien ihrer Kinder hatten wieder Kinder ... Unsere Familie besitzt heute die mittlere Terrasse, auf dem halben Weg

zwischen Felsplateau und Meer, der Rest des Geländes gehört unseren Verwandten.

»The Hidden Treasure« ist ein geradezu magischer Ort. Sobald Sie angekommen und die Eingangsstufen der Freiterrasse hinuntergegangen sind, haben Sie den Eindruck, förmlich zwischen Himmel und Meer zu schweben, umhüllt von einem Blütenmeer aus purpurroter, weißer und violetter Bougainvillea und intensiv duftenden Jasminsträuchern. Ein Willkommensgruß für alle Sinne.

Nur zwei Treppenstufen weiter wird der Blick aufs Meer frei, ein Gefühl von Ruhe und Frieden breitet sich in Ihnen aus. Die Stille wird nur vom Gesang der Vögel und dem Läuten der Kirchenglocken unterbrochen.

Hin und wieder ist auch das Schreien der Möwen zu hören, das Gezeter zwischen einem Falken und einer Krähe, die sich um ihr Revier streiten, und das Gequake der vielen Frösche, die im Frühling unseren Garten bevölkern. Das »Hidden Treasure« ist ein Ort des Friedens, an dem Ihre Seele zur Ruhe kommt, selbst wenn Ihr Aufenthalt nur kurz ist.

Ein weiterer Grund für den Namen »Hidden Treasure« ist eine Legende. Es heißt, am Ende jedes Regenbogens könne man einen versteckten Goldschatz finden. Mamma Agatas Kochschule liegt tatsächlich am Ende des Regenbogens!

Mit Dank an meine verehrte Großmutter Chiara

Chiara Lima

Der »verborgene Schatz«.

Die Rezepte

Pastella di Mamma Agata

Frittierteig

250 g Weizenmehl (Type 405
oder italienisches Mehl tipo 00)
1 TL Zucker
100 g frisch geriebener Parmesan
1 Ei
25 g Backhefe (Frisch- oder Trockenhefe)
200 ml lauwarmes Wasser
2 TL Weißweinessig
2 Prisen Meersalz

Das Mehl, den Zucker und den Käse in einer Schüssel verrühren (1, 2, 3).
Das Ei sorgfältig unterrühren (4).
In einer kleineren Schüssel die Hefe im lauwarmen Wasser auflösen (5).
Die Wasser-Hefe-Mischung in die große Schüssel geben und das Ganze zu einem homogenen Teig rühren (6, 7).

- Ist der Teig zu dickflüssig, 1–2 EL Wasser hinzufügen.
- Ist der Teig zu dünnflüssig, etwas Mehl unterrühren.

Mamma Agata rät

Der Teig muss klumpig sein. Versuchen Sie nicht, die Klümpchen aufzulösen. Den Teig vorsichtig und nicht zu lange rühren, sonst geht er nicht richtig auf. Keine Küchenmaschine und keinen Handmixer verwenden!

Die Schüssel abdecken und den Teig an einem warmen, zugfreien Ort etwa 1 Stunde gehen lassen.

Tipp

Die Klimaanlage oder Zugluft tötet die Hefebakterien. Stellen Sie den Teig deshalb in den kühlen Ofen.

Wenn der Teig aufgegangen ist, den Essig und das Salz unterschlagen. Der Teig fällt beim Rühren etwas zusammen, aber das soll Sie nicht bekümmern, das ist normal.

Den fertigen Teig können Sie zum Frittieren z. B. von Zucchinistreifen, Garnelen oder Brokkoli verwenden. Oder Sie probieren einmal Mamma Agatas *Coccoli.* In diesem Fall geben Sie weitere Zutaten hinzu (klein geschnittene Salami, geriebene Zucchini, fein gehackte Zwiebeln, Kräuter u. v. m.).

Mamma Agatas kleines Geheimnis

Das Wasser, in dem die Hefe aufgelöst wird, sollte lauwarm sein. Machen Sie die Fingerprobe. Bei zu heißem oder zu kaltem Wasser werden die Hefebakterien abgetötet und der Teig geht nicht auf.
Egal, ob Sie einen Frittierteig oder einen anderen Hefeteig zubereiten, Sie brauchen auf alle Fälle Zucker, um die Hefebakterien zu aktivieren. Wenn Sie nur Salz verwenden, werden die Bakterien abgetötet und der Teig geht nicht auf.
Mamma Agata verwendet für alle Rezepte das sehr feine italienische Mehl tipo 00. Eine Alternative ist deutsches Weizenmehl Type 405.
Der Essig verhindert, dass während des Frittierens Öl in den Teig eindringt.

Das richtige Mehl

Für nahezu jedes italienische Produkt, seien dies Brote und Brötchen, Pizza und Kuchen, verwendet man in Italien Weizenmehl. Nach dem Mahlen von Weizen zu Mehl besteht es aus Kohlehydraten, Klebereiweiß, Wasser sowie Vitaminen und Mineralstoffen. In Deutschland begegnet man normalerweise Weizenmehl in zwei Ausführungen, Type 450 und Type 550. Aus der Nummer ist abzulesen, wie viele Vitamine und Mineralstoffe in dem Mehl auf 100 g enthalten sind.
Im italienischen Mehl »tipo 00« ist der Anteil an Klebereiweiß, also Gluten, höher aus bei den Mehltypen 450 und 550. Das Mehl »tipo 00« gibt es in Italien in unterschiedlichen Arten: für Pasta, fürs Brotbacken und für Pizza. Je höher der Glutenanteil ist, umso elastischer ist der Teig.

Coccoli di Mamma Agata

Frittierte Teigbällchen

Mamma Agatas Frittierteig (siehe Seite 28)
½ Zwiebel
50 g Speck oder Salami
abgeriebene Schale von 1 kleinen Zucchini
1 TL Rosmarin, fein gehackt
1 TL Salbei, fein gehackt
1 TL Thymian, fein gehackt
100 g frisch geriebener Parmesan
1 l Erdnuss- oder Pflanzenöl zum Frittieren (kein Olivenöl!)

Mammas Agatas Frittierteig zubereiten (siehe Seite 28).
Alle Zutaten in einer Schüssel vermengen und sorgfältig in den Teig einrühren (1).
Nach Mamma Agatas Frittieranleitung verfahren (siehe Seite 43). Den Teig löffelweise in das heiße Öl geben (2). Dabei nicht zu viel Teig in die Pfanne geben, damit die Öltemperatur stabil bleibt und die Coccoli nicht zu viel Fett aufsaugen.

Mamma Agatas kleines Geheimnis

Stellen Sie ein Glas Wasser bereit, um den Esslöffel wiederholt einzutauchen. Durch das Wasser bleibt der Teig nicht am Löffel kleben. Achten Sie aber darauf, dass kein Wasser ins heiße Öl gelangt.

Die Coccoli von beiden Seiten 1–2 Minuten goldbraun frittieren (3). Anschließend aus dem heißen Öl nehmen und auf Küchenpapier abtropfen lassen. Heiß servieren!

Tipp

Dieses Rezept eignet sich hervorragend für Anlässe, bei denen Fingerfood serviert wird.

Involtini di melanzane

Auberginenröllchen

2 Auberginen
Meersalz nach Belieben
50 g frisch geriebener Parmesan
50 g frisch geriebener geräucherter Provolone oder Gouda
20 Rucolablätter
6 getrocknete Tomaten
1 l Erdnuss- oder Pflanzenöl zum Frittieren (kein Olivenöl!)
2–3 EL Mehl
Zahnstocher

Mamma Agatas kleines Geheimnis

Für dieses Rezept ist die Auberginensorte entscheidend. Die Früchte sollten lang, schmal und festfleischig sein. Je weniger Wasser im Fruchtfleisch enthalten ist, umso intensiver ist der Geschmack der Involtini.

Die Auberginen waschen und den Stielansatz entfernen. Die Schale mit einem Sparschäler der Länge nach wie Zebrastreifen abschälen. (In der Schale stecken die meisten Vitamine und Geschmacksstoffe, daher die Auberginen nicht vollständig schälen.) Das Fruchtfleisch der Länge nach in etwa 1½–2½ cm dicke Streifen schneiden. Nicht zu dünn, da sie beim Garen an Volumen einbüßen.
Die Auberginenstreifen über den Rand eines Küchensiebs hängen und mit Meersalz bestreuen. Etwa 30 Minuten ruhen lassen, um dem Fruchtfleisch die Bitterstoffe und das überschüssige Wasser zu entziehen.
Anschließend jeweils 3–4 Streifen übereinander schichten und sanft auspressen. Das Salz nicht abspülen, sonst nehmen die Auberginen wieder Wasser auf.

(Hinweis: Sollten Sie noch genauere Angaben benötigen, lesen Sie im Rezept für Auberginenlasagne auf Seite 39 nach!)

Ausreichend Mehl auf einen Teller geben und die Auberginenstreifen darin wälzen (1). Möglichst zügig arbeiten, damit nicht zu viel Mehl am Fruchtfleisch haften bleibt.

Die Streifen goldbraun frittieren, dabei den Anweisungen auf Seite 43 folgen (2). Anschließend aus dem heißen Öl nehmen und auf Küchenpapier abtropfen lassen (3).

Mamma Agatas kleines Geheimnis

Bereiten Sie die Röllchen zu, wenn die Auberginenstreifen noch sehr heiß sind. Der Käse schmilzt dann und die Auberginenstreifen sind leichter zu rollen.

Küchenpapier auf der Arbeitsfläche ausbreiten und die Auberginenstreifen nebeneinander darauflegen, um überschüssiges Öl abtropfen zu lassen (4). Mit dem Parmesan, dem Räucherkäse und den weiteren Zutaten bestreuen (5).
Jeden Streifen vorsichtig zusammenrollen (6) und mit einem Zahnstocher fixieren.

Sie können die Auberginenröllchen wahlweise mit getrockneten Tomaten (7), Speck oder Schinken zubereiten, Käse muss aber immer dabei sein. Experimentieren Sie! Wichtig ist allerdings immer, dass die Zutaten fein genug geschnitten sind, damit sie sich gut einrollen lassen.

Auberginenröllchen sind ein idealer Partysnack. Wenn Sie sie in der Mitte teilen (8) können Sie sogar »Italienisches Sushi« servieren! Aber auch als Vorspeise eignen sich die Involtini wunderbar.

4

5

6

7

8

Fiori di zucchine imbottiti

FRITTIERTE GEFÜLLTE ZUCCHINIBLÜTEN

Mamma Agatas Frittierteig (siehe Seite 28)
4 Zucchiniblüten
4 Scheiben geräucherter Provolone oder Gouda
1 l Erdnuss- oder Pflanzenöl zum Frittieren (kein Olivenöl!)

Mamma Agatas Frittierteig zubereiten (siehe Seite 28).
Die Zucchiniblüten waschen, die Stängel entfernen. Die Blüten müssen ganz bleiben (1).
Den Käse in etwa 7–8 cm lange und etwa 1 cm dicke Stifte schneiden (2).
Die Zucchiniblüten mit jeweils einem Käsestift füllen. Nach Belieben können Sie noch Speck, Salami oder Schinken hinzufügen (3).
Die Spitzen der Blütenblätter vorsichtig zusammendrehen, um die Füllung zu verschließen. Achtung, die Blütenblätter sind sehr empfindlich. Der Käse muss unbedingt vollständig umschlossen sein, damit er beim Frittieren nicht ins heiße Fett fließt und die anderen Blüten ruiniert.
Die Blüten in den Teig tauchen, vorsichtig in die Pfanne mit dem heißen Öl setzen und auf beiden Seiten etwa 2 Minuten goldbraun frittieren (4). Dabei den Anweisungen auf Seite 43 folgen.
Die Blüten aus dem Öl nehmen und auf Küchenpapier abtropfen lassen.
Heiß servieren!

Tipp

Eine ideale Vorspeise für alle Gelegenheiten!

1

2

3

4

Parmigiana di melanzane

Auberginenlasagne

Für 4 Personen
1 Tasse Mamma Agatas Tomatensauce (siehe Seite 51)
8 Auberginen
Meersalz
1 l Erdnuss- oder Pflanzenöl zum Frittieren (kein Olivenöl)
50 g Weizenmehl (Type 405 oder italienisches Mehl tipo 00)
250 g Mozzarella
100 g geräucherter Provolone (oder anderer Räucherkäse)
150 g frisch geriebener Parmesan
20 frische Basilikumblätter

Mamma Agatas Tomatensauce (siehe Seite 51) zubereiten und beiseitestellen.
Für dieses Rezept ist die Auberginensorte entscheidend. Die Früchte sollten lang, schmal und festfleischig sein. Je weniger Wasser im Fruchtfleisch enthalten ist, umso intensiver ist der Geschmack der Auberginenlasagne. Wählen Sie eine Sorte, die den Früchten auf dem nebenstehenden Bild ähnelt.
Kaufen Sie frischen Mozzarella (in Lake) zwei Tage, bevor er verarbeitet wird. Den Käse aus der Lake nehmen und in einer abgedeckten Schüssel zum Trocknen in den Kühlschrank stellen. Ist der Mozzarella zu feucht, werden die Auberginen matschig.

Die Auberginen waschen und den Stielansatz entfernen. Die Schale mit einem Sparschäler der Länge nach wie Zebrastreifen abschälen. (In der Schale stecken die meisten Vitamine und Geschmacksstoffe, daher die Auberginen nicht vollständig schälen (1).)
Anschließend das Fruchtfleisch der Länge nach in etwa 1½–2½ cm dicke Streifen schneiden. Nicht zu dünn, da sie beim Garen an Volumen einbüßen (2).
Die Auberginenstreifen über den Rand eines Küchensiebs hängen und mit Meersalz bestreuen. Etwa 30 Minuten ruhen lassen, um dem Fruchtfleisch die Bitterstoffe und das überschüssige Wasser zu entziehen (3).

Danach jeweils 3–4 Streifen übereinander schichten und sanft auspressen. Das Salz nicht abspülen, sonst nehmen die Auberginen wieder Wasser auf (3).
Das Mehl auf einen Teller geben und die Auberginenstreifen darin wälzen (4). Möglichst zügig arbeiten, damit nicht zu viel Mehl am Fruchtfleisch haften bleibt.
Die Streifen goldbraun frittieren, dabei den Anweisungen auf Seite 43 folgen. Anschließend aus dem heißen Öl nehmen und auf Küchenpapier abtropfen lassen (5, 6, 7).
Den Backofen auf 150 °C vorheizen.
Den Mozzarella und den Provolone in feine Scheiben schneiden.

Mamma Agatas kleines Geheimnis

Die meisten Rezepte für Auberginenlasagne enthalten nur zwei Käsesorten. Mamma Agata hingegen verwendet Parmesan, Mozzarella und geräucherten Provolone, um dem Gericht einen intensiveren Geschmack zu verleihen.

Der nächste Schritt ist entscheidend: Seien Sie großzügig mit allen Zutaten, außer mit der Tomatensauce. Zu viel Sauce macht die Lasagne matschig. Beginnen Sie mit zwei Schichten Auberginenstreifen, um eine stabile Basis zu gewährleisten.
Nach und nach die Zutaten in eine Auflaufform schichten, und zwar in dieser Reihenfolge (8, 9, 10 ,11):

1. ein wenig Tomatensauce
2. zwei Schichten Auberginen
3. Parmesan
4. Mozzarella
5. geräucherter Provolone
6. frische Basilikumblätter

Diesen Vorgang zweimal wiederholen. Selbst wenn die letzte Schicht höher als die Auflaufform sein sollte – kein Problem (12)!

4

5

6

7

Tipps

Verwenden Sie für die dritte Schicht nur Parmesan und Tomatensauce, das sorgt für eine schön braune und knusprige Oberfläche. Stellen Sie die Auflaufform im Ofen auf Backpapier oder Alufolie, da die Lasagne während des Garens zum Überlaufen neigt.

Die Lasagne etwa 1 Stunde im heißen Ofen backen. Anschließend die Hitze reduzieren und bei leicht geöffneter Ofentür noch etwa 10 Minuten ruhen lassen. Aus dem Ofen nehmen und vor dem Servieren bei Raumtemperatur mindestens weitere 40 Minuten ruhen lassen, damit sich der Geschmack optimal entfalten kann.
Am besten schmeckt die Lasagne am nächsten Tag – einfach wieder aufwärmen und mit frischem Brot servieren – köstlich!

1960 wohnte Anita Ekberg während der Dreharbeiten zu »La Dolce Vita« in der Villa Civita. Mamma Agata schwärmte noch Jahre später von ihrer schneeweißen zarten Pfirsichhaut.
Die Schauspielerin besuchte Mamma Agata gerne in der Küche, sie liebte ihre Auberginenlasagne und ihre Pappardelle mit Paprika und Würstchen über alles. Bei Empfängen genoss Anita Ekberg stets das komplette Menü: Pasta, Brot, Salat und Dessert! Sie war eine echte Genießerin, beim Essen und im Leben.

I segreti della Frittura

Das Geheimnis des perfekten Frittierens

1. Die besten Frittierpfannen sind hässlich!
Unsere Frittierpfannen haben einen Durchmesser von 25 cm und sind 7 ½ bis 10 cm tief. Verwenden Sie am Anfang eine antihaftbeschichtete Pfanne, die Sie nach und nach »einbraten«, also »hässlich« werden lassen. Eine solche Pfanne hält etwa drei bis vier Jahre. Je besser die Pfanne »eingebraten« ist, umso besser schmeckt das Frittiergut. Mamma Agata hat eine besonders »hässliche« Pfanne, die sie ausschließlich zum Frittieren benutzt.

Nach dem Frittieren gießen Sie das Öl ab und wischen die Pfanne mit Küchenpapier aus. Hin und wieder sollten Sie die Pfanne mit Wasser und etwas milder Seife reinigen, besonders nach dem Frittieren von Fisch. Anschließend gründlich abspülen und trocknen.

2. Wieviel Öl ist ideal?
Seien Sie großzügig! Wir empfehlen etwa 1 Liter. Der Abstand zwischen Öloberfläche und Pfannenrand sollte etwa 2 ½ cm betragen, das Frittiergut sollte im Öl schwimmen können. Nicht zu viel Frittiergut auf einmal in die Pfanne geben, das reduziert die Öltemperatur.

3. Wie heiß sollte das Öl sein?
Das Öl muss sehr heiß sein, mindestens 190 °C. Machen Sie einen Test, in dem Sie etwas Frittierteig ins Öl geben. Wenn der Teig auf dem Öl schwimmt und das Öl Blasen wirft, hat es die ideale Temperatur. Das Frittiergut sollte nicht nach unten sinken und dort bleiben, sondern sofort wieder nach oben kommen. Ist das nicht der Fall, die Temperatur noch etwas erhöhen.

4. Die Qualität des Öls
Verwenden Sie hochwertige Öle. Am besten sind Kernöle, da sie einen hohen Siedepunkt haben. Mamma Agata verwendet Erdnussöl, da es nicht anbrennt und das Frittiergut geschmacklich nicht beeinflusst.
Wenn Sie auf eine Nussallergie achten müssen, greifen Sie zu einem anderen hochwertigen Pflanzenöl, z. B. Traubenkernöl.
Verwenden Sie kein Olivenöl, es ist zu schwer, zu geschmacksintensiv, hält die Hitze schlecht und ist leicht entflammbar.

5. Die Reinheit des Öls
Verwenden Sie für jedes Gericht frisches Öl!

Folgende Doppelseite: Chiara und Gennaro, Mario und Paola kochen zusammen.

Mamma agata
ON THE AMALFI COAST
Mamma agata
COOKING SCHOOL ON THE AMALFI COAST

THE AMALFI COAST

Conserva di pomodoro

Mamma Agatas eingekochte Tomaten

Schon immer wurde bei uns alles Mögliche eingekocht, natürlich auch die köstlichen Tomaten aus dem Gemüsegarten. Diese Tradition wurde von Generation zu Generation weitergegeben, von meinen Urgroßeltern über meine Großeltern und meine Eltern bis zu uns.

Im Sommer haben wir frisches Gemüse im Überfluss, aber im Winter mangelt es daran. Um gesund durch den Winter zu kommen und uns auch in der kalten Jahreszeit mit wichtigen Nährstoffen versorgen zu können, kochen wir das Obst und das Gemüse aus dem eigenen Garten ein.

Im »Hidden Treasure« wird nichts verschwendet. Wenn zum Beispiel die Zucchini reif sind, werden sie natürlich sofort verarbeitet. Aber wenn die Ernte besonders üppig ausfällt, kochen wir die überschüssigen Früchte ein. Gleiches gilt für Tomaten und Auberginen. Aus den Oliven pressen wir unser eigenes Öl, ein Teil der Oliven jedoch wird eingelegt und an kalten Wintertagen zu frisch gebackenem Brot serviert.

Lucia, eine Freundin der Familie, und Paola.

Ein besonderes Ereignis in unserer Familie ist immer wieder das Einkochen der Tomaten. Tomaten sind reich an Nährstoffen und sichern den Vorrat an Tomatensauce für den Winter. Das Ernten und Einkochen macht aber auch großen Spaß, es ist jedes Mal ein Fest: ein »Tomatenfest« für die ganze Familie!

Jeder Einzelne spielt dabei eine wichtige Rolle. Die Kinder helfen beim Pflücken der Tomaten und bringen sie zu ihren Müttern, die sie waschen und an die Großeltern weitergeben, die wiederum dafür sorgen, dass die richtige Menge Salz und Basilikum vor dem Einkochen hinzugefügt wird. Die Arbeit ist hart, aber wir genießen es, gemeinsam im Garten zu sitzen und zum Mittagessen frisch gepflückte Tomaten zu essen. Diese Zeit ist wie ein Geschenk, das uns froh macht.

So sieht unser Tag aus, wenn wir Tomaten einkochen: Papà Salvatore, Mamma Agata und Gennaro stehen um fünf Uhr morgens auf und beginnen mit der Ernte. Sie sortieren die Tomaten nach Größe, zu kleine oder zu große Früchte sind zum Einkochen ungeeignet. Einige Stunden später kommen die Kinder und ich dazu, um zu helfen. Mario und Paola pflücken nicht nur die Tomaten, sondern auch Basilikum, unter Anleitung meines Vaters natürlich. Alle Familienmitglieder arbeiten Hand und Hand und haben viel Spaß dabei.

Der nächste Schritt ist dem Stärksten der Familie vorbehalten und das ist Gennaro! Er bereitet das Feuerholz und die großen Metallbottiche vor, die wir zum Einkochen brauchen. Die Kinder pflücken die Basilikumblätter von den Stängeln ab, waschen und trocknen sie, bevor sie in die Gläser gegeben werden. Obwohl es im August immer sehr heiß ist, genießen wir das Gefühl, zusammen zu sein und etwas Gutes zu tun: zum Wohl unserer Familie, der großen Verwandtschaft und natürlich auch für unsere Kochschüler und für alle Gäste von Mamma Agata.

Ich erkläre Ihnen im Folgenden, wie Sie Tomaten zu Hause einkochen können. Nehmen Sie sich in jedem Fall Zeit! Vielleicht wird das Ritual des Einkochens von Tomaten auch in Ihrer Familie bald zur Tradition.

Gehen Sie folgendermaßen vor:
- Wählen Sie die richtige Tomatensorte aus, Roma- oder Eiertomaten eignen sich gut. Am besten natürlich Tomaten aus dem eigenen Garten.
- Die Früchte waschen und in einem Korb trocknen lassen.
- Die Einmachgläser sorgfältig reinigen und vollständig trocknen lassen.
- Einen großen Topf mit Wasser füllen, Salz dazugeben und aufkochen lassen.
- Die Tomaten hinzufügen. Sie sinken zunächst nach unten, wenn sie wieder nach oben kommen, herausnehmen.
- Die Tomaten mit Hilfe eines elektrischen Tomatensiebs (in guten Fachgeschäften erhältlich) grob pürieren, dabei werden die Kerne und die Haut entfernt.
- Salz hinzugeben, als Richtwert gilt 1 TL Salz auf 1 Liter Tomatenpüree. Probieren Sie!
- Die Basilikumblätter in die trockenen Gläser geben, das Tomatenpüree hinzugießen und fest verschließen.
- Die Gläser in einen ausreichend großen Metallbottich stellen und mit kaltem Wasser bedecken.
- Etwa 45 Minuten kochen lassen.
- Anschließend den Bottich vom Feuer nehmen und samt Wasser über Nacht abkühlen lassen.
- Am nächsten Tag die Gläser herausnehmen und an einem kühlen Ort lagern. Eingekochte Tomaten sind mehrere Jahre haltbar.

Ich hoffe, Sie haben dabei ebenso viel Spaß wie wir! Und obwohl wir nach einem solchen Tag immer müde und erschöpft ins Bett sinken, würden wir um keinen Preis der Welt auf dieses Ritual verzichten.

Ein mühsames, aber übers Jahr heiß ersehntes Ritual: das Einkochen der Tomaten.

Mamma
COOKING SCHOOL ON THE AMALFI

Agata

Salsa di pomodoro

Mamma Agatas Tomatensauce

5 EL Olivenöl extra vergine
2 Knoblauchzehen
3 frische Basilikumblätter
10 erntefrische Kirschtomaten
1 l pürierte Romatomaten

Mamma Agatas kleines Geheimnis

Verwenden Sie am Strauch gereifte Romatomaten, sie sind sehr süß und aromatisch. Süße Tomaten sind eine der wichtigsten Zutaten der italienischen Küche. Haben Sie keine geeigneten Tomaten zur Hand, süßen Sie mit einem Esslöffel Zucker nach.

Olivenöl, Knoblauch und Basilikum in einen großen Topf geben (1).

Tipp

Geben Sie alle Zutaten zusammen in den Topf und erhitzen Sie erst dann das Öl.

Das Olivenöl 1–2 Minuten stark erhitzen, damit der Knoblauch seine ätherischen Öle abgibt und der Sauce ein besonderes Aroma verleiht. Der Knoblauch darf jedoch nicht anbrennen, sonst müssen Sie das Öl abgießen und von vorne beginnen.
Anschließend die Kirschtomaten und das Tomatenpüree hinzufügen (2, 3). (Dabei Vorsicht walten lassen. Das Püree spritzt leicht.) Nun sollte ein Zischen zu hören sein und schon bald steigt ein betörender Duft aus dem Topf auf, wenn sich die ätherischen Öle der Zutaten vermischen.
Die Sauce aufkochen lassen, anschließend die Temperatur reduzieren und etwa 25 Minuten köcheln lassen (insgesamt sollte die Sauce etwa 30 Minuten auf dem Herd stehen).

Mamma Agatas kleines Geheimnis

Wichtig ist, dass die Kirschtomaten zusammen mit dem Tomatenpüree in den Topf gegeben werden. Diese Kombination verleiht der Sauce ihren unvergleichlichen Geschmack. Sie werden begeistert sein!

Mamma Agatas Tomatensauce kann für alle Rezepte auf Tomatenbasis verwendet werden, z. B. für die Auberginenlasagne (siehe Seite 39).

Gut zu wissen

Mamma Agata stellt jedes Jahr im August 1200 Flaschen Tomatensauce aus den Romatomaten her, die in unserem Garten wachsen. Außerdem kochen wir die am Strauch gereiften Tomaten in Gläser ein und verwenden sie, wenn die Erntezeit vorbei ist.

Tomaten

In Italien unterscheidet man zwei Gruppen: Tomaten zum Kochen und Tomaten für Salat. Während Salattomaten die unterschiedlichsten Färbungen von Grün bis Rot aufweisen, sind die Tomaten zum Kochen, *pomodori a grappolo*, tiefrot. Sie sind sehr robust und haben zumeist eine dicke Schale.

Im Hochsommer werden die Romatomaten (auch Flaschen- oder Eiertomaten genannt), die zu Sughi verkocht werden, zuhauf angeboten. Romatomaten sind in ihrer Form länglich, haben einen Durchmesser von zumeist 3 bis 5 cm und eine Länge von 10 bis 12 cm. Seit einigen Jahren werden sie auch nördlich der Alpen angebaut. In Italien gibt es fast das ganze Jahr über Romatomaten.

Mamma Agata in ihrem Element.

mamma agata
COOKING SCHOOL ON THE AMALFI COAST

Salsa con pomodorini freschi

Mamma Agatas Tomatensalsa aus erntefrischen Tomaten

2 Knoblauchzehen
3 EL Olivenöl extra vergine
500 g Kirsch- oder Romatomaten (oder die Sorten mischen)
2 Prisen Salz
2 EL frisches Basilikum, zerzupft
2 Prisen getrockneter Oregano

Mamma Agatas kleines Geheimnis

Verwenden Sie am Strauch gereifte Romatomaten, sie sind sehr süß und aromatisch. Süße Tomaten sind eine der wichtigsten Zutaten der italienischen Küche. Haben Sie keine geeigneten Tomaten zur Hand, süßen Sie mit einem Esslöffel Zucker nach.

Tipp

Kirschtomaten und Romatomaten sind für die Tomatensauce am besten geeignet. Sie können beide Sorten auch mischen. Auf alle Fälle müssen die Tomaten süß sein.

Die Knoblauchzehen schälen und in feine Scheiben schneiden. Zusammen mit dem Olivenöl in eine große Pfanne geben (1).

Tipp

Geben Sie alle Zutaten zusammen in den Topf und erhitzen Sie erst dann das Öl.

Die Kirschtomaten halbieren, die Romatomaten vierteln und mit dem Salz und dem Basilikum in die Pfanne geben (2).
Zugedeckt bei mittlerer Hitze etwa 5 Minuten kochen lassen. Den Oregano hinzugeben (3).
Die Pasta al dente kochen, abgießen und zur Sauce in die Pfanne geben. Vor dem Servieren alles gut vermischen und mit etwas Olivenöl beträufeln. Heiß servieren.

Mamma Agata
COOKING SCHOOL ON THE AMALFI COAST

Gnocchi di Mamma Agata

Mamma Agatas Kartoffelgnocchi

Gnocchiteig
Für 4 Personen
1 kg Kartoffeln
50 g frisch geriebener Parmesan
1 Ei
300 g Weizenmehl (Type 405
oder italienisches Mehl tipo 00)
4 EL Olivenöl extra vergine
Meersalz

Mamma Agatas kleines Geheimnis

Verwenden Sie für das Rezept länger gelagerte Kartoffeln, sie enthalten weniger Wasser und haben nach dem Stampfen eine geschmeidige Konsistenz.

Die ungeschälten Kartoffeln in einen Topf mit Salzwasser geben. Das Wasser sollte Raumtemperatur haben.

Tipp

Die Kartoffeln nicht schälen! So behalten sie ihr volles Aroma.

Das Wasser zum Kochen bringen, anschließend die Hitze reduzieren und die Kartoffeln etwa 50 Minuten köcheln lassen.
Die Kartoffeln abgießen und schälen. Mit einem Kartoffelstampfer oder einer Kartoffelpresse pürieren (1).
Parmesan, Ei und Mehl hinzufügen und das Ganze zu einem Teig verkneten (2, 3).

1

2

3

Vorhergehende Doppelseite: Die Gäste können kommen.

Etwa ein Sechstel des Teigs abteilen und zu einer langen, etwa 2 ½ cm im Durchmesser großen Rolle formen (4).
Jeweils etwa 2 ½ cm lange Teigstücke abschneiden. Das sind die Gnocchi (5).
Die Gnocchi mit dem Daumen über ein Gnocchibrett rollen (6) oder mit einer Gabel ein Rillenmuster einritzen.

4

5

Mamma Agatas kleines Geheimnis

Die Rillen, die mit dem Gnocchibrett gezogen werden, sind wichtig, damit die Sauce darin hängen bleiben kann.

Etwas Mehl auf einen Teller geben (um das Anhaften des Teigs zu vermeiden) und die Gnocchi darauf ruhen lassen.
In einem großen Topf Wasser mit einer Prise Salz und etwas Olivenöl extra vergine (so kleben die Kartoffelklößchen nicht aneinander) zum Kochen bringen.
Die Gnocchi ins kochende Wasser geben (7). Sie sinken sofort zu Boden, kommen dann aber langsam wieder nach oben. Wenn sie an der Oberfläche schwimmen, mit einem Schaumlöffel herausheben und in ein Küchensieb geben. Mit kaltem Wasser abschrecken. Dadurch wird der Garprozess gestoppt.
Die Gnocchi auf eine Servierplatte geben, etwas Olivenöl darüberträufeln und heiß mit Ihrer Lieblingssauce servieren.

6

7

Gnocchi alla sorrentina

Gnocchi mit Tomaten und Mozzarella

Für 4 Personen
Mamma Agatas Gnocchiteig (siehe Seite 59)
500 g Mamma Agatas Tomatensauce (siehe Seite 51)
200 g Mozzarella
50 g frisch geriebener Parmesan
10 frische Basilikumblätter
1–2 EL Olivenöl extra vergine

Mamma Agatas Tomatensauce zubereiten (siehe Seite 51).
Mamma Agatas Gnocchi zubereiten (siehe Seite 59).
Eine Tasse Tomatensauce in eine große Pfanne geben (1). Die Gnocchi hinzufügen (2) und mit der restlichen Tomatensauce übergießen.
Den in feine Scheiben geschnittenen Mozzarella darauflegen und mit dem Parmesan bestreuen (3). Bei kleiner Hitze köcheln lassen, bis der Käse schmilzt.

Mamma Agatas kleines Geheimnis

Sie können vor dem Servieren auch noch gehobelten geräucherten Provolone über die Gnocchi geben, eine wunderbare Kombination mit Mozzarella und Parmesan.

Heiß servieren!

Noch ein Tipp

Wenn Sie die *Gnocchi alla sorrentina* bei 180 °C etwa 5 Minuten im Ofen backen, verbinden sich die Aromen harmonisch miteinander. Eine besonders köstliche Variante.

Gnocchi con carciofi e pomodori secchi

Gnocchi mit Artischocken und getrockneten Tomaten

Für 4 Personen
Mamma Agatas Gnocchiteig (siehe Seite 59)
20 getrocknete Tomaten
4 frische Babyartischocken
1–2 Zitronen
2 Knoblauchzehen
6 EL Olivenöl extra vergine
1 EL Petersilie, fein gehackt
2 Prisen Meersalz
125 ml Wasser

Mamma Agatas Gnocchi zubereiten. Dafür die Hälfte der getrockneten Tomaten in kleine Stückchen schneiden, zum Teig geben und einarbeiten (1). Anschließend die Gnocchi formen.

Mamma Agatas kleines Geheimnis

Sie können die Tomatenstückchen auch nur in eine Hälfte des Teigs geben.

Die Artischocken waschen und putzen, die äußeren Blätter entfernen (2). Die Artischockenherzen in Viertel schneiden.

Wenn Sie keine Babyartischocken finden, können Sie auch normale Früchte verwenden. Achten Sie auf kleine, feste Exemplare. Entfernen Sie das Heu und die violetten Blütenblätter und schneiden Sie die Herzen in sechs bis acht mundgerechte Stücke.

Die Zitronen in Scheiben schneiden (2) und in eine ausreichend große Schüssel mit Wasser geben. Die Artischockenstücke etwa 10 Minuten in das Zitronenwasser legen, da sie sonst sehr schnell ihre Farbe verlieren. Zudem verlieren sie im Zitronenwasserbad auch ihre Bitterstoffe.

Die Knoblauchzehen schälen und in feine Scheiben schneiden. Das Olivenöl in einer antihaftbeschichteten Pfanne erhitzen und den Knoblauch bei mittlerer Hitze goldgelb braten (3).

Die Artischocken (4), die Petersilie (5) und das Salz hinzugeben. Die Pfanne zudecken und das Ganze etwa 10 Minuten sautieren. Die in kleine Stücke geschnittenen getrockneten Tomaten hinzugeben (6). Erneut zudecken und etwa 3 Minuten garen.

Ein Glas Wasser dazugießen. Wieder zudecken und etwa 5 Minuten garen.

Die Gnocchi in die Pfanne geben und unterrühren. Das Ganze bei kleiner Hitze nochmals etwa 3 Minuten garen.
Heiß servieren!

Artischocken
Artischocken werden überall im Mittelmeerraum angebaut. Sie haben distelartige Blütenköpfe, die im Inneren ein zartes und wohlschmeckendes Herz offenbaren. Es werden verschiedene Sorten angeboten. Am häufigsten sind die kleinen runden (*romanesco*) und die kleinen grünvioletten Früchte.

Die Tomaten trocknen unter der heißen Sonne Kampaniens.

AZZURRA

Pappardelle con peperoni e salsiccia

Pappardelle mit Paprika und Wurst

Für 4 Personen
1 Tasse Mamma Agatas Tomatensauce (siehe Seite 51)
1 kg rote und gelbe Paprikaschoten
2–3 EL Erdnussöl
250 g Bandnudeln, vorzugsweise Pappardelle
50 g Butter
4 EL Olivenöl extra vergine
½ Zwiebel, rot oder weiß, fein gehackt
500 g Salsiccia (»süße«, gewürzte italienische Wurst)
1 kg erntefrische Kirschtomaten (oder mit Roma- bzw. mit San-Marzano-Tomaten gemischt), in Viertel geschnitten
5 frische Basilikumblätter, fein gehackt
2 Prisen Meersalz
50 g frisch geriebener Parmesan

Mamma Agatas Tomatensauce zubereiten (siehe Seite 51).
Die Paprikaschoten waschen und den Stielansatz sowie die Kerne entfernen. Das Fruchtfleisch der Länge nach in Streifen schneiden (1).
Das Erdnussöl in einer großen Pfanne erhitzen und die Paprikastreifen etwa 10–15 weich kochen (2), dadurch werden sie bekömmlicher und aromatischer. Anschließend herausnehmen und auf Küchenpapier abtropfen lassen.
In einer zweiten Pfanne die Butter im Olivenöl bei kleiner Hitze zerlassen (3).

1

2

3

Mamma Agatas kleines Geheimnis

Im Süden Italiens wird überwiegend mit Olivenöl gekocht, während Butter zum Backen von Kuchen oder für Desserts verwendet wird. Hin und wieder werden Butter und Öl auch kombiniert (z. B. bei Ragù alla bolognese, Ragù napolitano und bei der Sauce für dieses Gericht). Butter hält auch bei einem längeren Kochprozess die Geschmacksintensität bis zum Schluss, während Olivenöl nach etwa 30 Minuten seinen Eigengeschmack verliert.

Die Zwiebeln hinzufügen (3) und glasig anschwitzen. Anschließend die Wurst im Ganzen von beiden Seiten anbraten (4). Die Pfanne zudecken und das Ganze etwa 2 Minuten garen.

Mamma Agatas kleines Geheimnis

Freuen Sie sich, wenn Sie mit Honig verfeinerte Wurst aus Schweinefleisch finden, sie sollte aber nicht zu kräftig gewürzt sein. Mamma Agata verwendet für dieses Rezept mit Fenchel, Weißwein und etwas Pfeffer gewürzte Salsiccia.

Den Deckel abnehmen und die Wurst von beiden Seiten mit einer Gabel einstechen, damit sie den Geschmack der Tomatensauce aufnehmen kann.
Nacheinander die Paprikastreifen und die Wurst in die Pfanne geben (5). Die Tomaten dazugeben (6), anschließend das Basilikum. Salzen und mit Mamma Agatas Tomatensauce abschmecken (7, 8). Die Pfanne wieder zudecken und bei kleiner Hitze etwa 30 Minuten köcheln lassen.
Anschließend die Wurst herausnehmen, in kleine Stücke schneiden und wieder zurück in die Pfanne geben.

Mamma Agatas kleines Geheimnis

Schneiden Sie die Wurst erst ganz zum Schluss, damit das Aroma erhalten bleibt. Sie können aber auch einige Stückchen Wurst fein hacken und unter die Tomatensauce rühren.

Die Pappardelle in reichlich Salzwasser al dente kochen. Die Pasta abgießen, mit den Zutaten in der Pfanne vermengen und das Ganze weitere 2 Minuten ziehen lassen, damit sich die Aromen verbinden. Mit dem Parmesan bestreuen und heiß servieren.

Tipp

Aus eins mach zwei! Servieren Sie eine Hälfte der Sauce zur Pasta und die andere als Beilage zu einem Hauptgericht. Die Sauce hält sich einige Tage im Kühlschrank und passt gut zu Risotto, auf eine Pizza oder als Belag für ein Sandwich. Wenn Sie wenig Zeit zum Kochen haben: einfach perfekt!

4

5

6

7

8

Die Peperoncini sind zum Trocknen aufgehängt.

Pasta con pomodoro e ricotta

Spaghetti mit Tomatensauce und Ricotta

Für 4 Personen
1 kg Mamma Agatas Tomatensauce (siehe Seite 51)
400 g Spaghetti (oder jede andere Pastasorte)
500 g Ricotta
5 frische Basilikumblätter, fein gehackt

Mamma Agatas Tomatensauce zubereiten (siehe Seite 51) und beiseitestellen.
Die Spaghetti in reichlich Salzwasser al dente kochen und abgießen.
In der Zwischenzeit die Tomatensauce in einer Pfanne erwärmen (1).
Die fertige Pasta hinzugeben und sorgfältig mit der Sauce vermengen (2).
Auf Teller verteilen, den Ricotta daraufgeben und mit dem Basilikum bestreuen.
Wer möchte, kann den Ricotta und das Basilikum bereits mit den Zutaten in der Pfanne vermengen (3).

Tipp
Probieren Sie dieses Gericht doch auch mal mit geräuchertem Provolone und/oder Parmesan!

Pasta con broccoli e formaggio affumicato

Pasta mit Brokkoli und Räucherkäse

Für 4 Personen
1 kg frischer Brokkoli
4 EL Olivenöl extra vergine
1 Knoblauchzehe, in feine Scheiben geschnitten
2 Sardellenfilets
10 Kirschtomaten
1 EL Petersilie, fein gehackt
300 g kurze Pasta (vorzugsweise Orecchiette)
50 g geräucherter Provolone oder Gouda, in Würfel geschnitten
50 g frisch geriebener Parmesan

Den Brokkoli putzen (dabei den Strunk entfernen), waschen und in kleine Röschen teilen (1).
Die Brokkoliröschen etwa 5 Minuten in Salzwasser weich kochen. Anschließend mit einem Schaumlöffel herausnehmen und beiseitestellen.

Mamma Agatas kleines Geheimnis
Mamma Agata verwendet das Kochwasser der Brokkoli auch zum Kochen der Pasta. So bekommt sie mehr Geschmack und zusätzlich Vitamine.

Die Sauce:
Das Olivenöl in einer antihaftbeschichtete Pfanne erhitzen und den Knoblauch glasig anschwitzen (2).
Die Sardellen hinzufügen und bei kleiner Hitze so lange rühren, bis sie sich aufgelöst haben.

Die Kirschtomaten waschen und in Viertel schneiden. Zusammen mit der Petersilie in die Pfanne geben. Die Pfanne zudecken und das Ganze bei mittlerer Hitze etwa 5 Minuten schmoren. Den Brokkoli hinzufügen und weitere 5 Minuten garen (4, 5).

Die Pasta im Brokkoliwasser al dente kochen (6). Abgießen und in die Pfanne geben (7).

Den Räucherkäse darauf verteilen und weitere 2 Minuten garen. Die fertige Pasta auf einen großen Servierteller geben und mit dem Parmesan bestreuen.
Heiß servieren!

Mozzarella
Mozzarella gehört zu Kampanien wie Tomatensauce und Pizza. Zumeist wird er aus Büffelmilch hergestellt und in Kugelform (*bocconcini*) oder Eiform (*ovoline*) verkauft.
Die Kampanier behaupten, dass insbesondere die Beschaffenheit ihres Bodens und ihrer Luft, sogar die Neigung ihrer Weiden und der Einfluss des Mondes sich entscheidend auf die Qualität der Milch auswirkten und daher ihr Mozzarella dem anderer Regionen vorzuziehen sei. Dies gilt auch für andere lokale Käseerzeugnisse wie *treccia, burriello, provola* und *scamorza*.
Der beste Käse wird bei Aversa, Cardito und Capua und in der sogenannten Piana del Sele zwischen Salerno und Paestum hergestellt.

Mamma Agata mit ihren beiden Enkelkindern Paola und Mario.

amma agata
SCHOOL ON THE AMALFI
mamma
COOKING SCHOO

Pasta con zucchine tradizionale

Pasta mit Zucchini

Für 4 Personen
1 kg Zucchini
Meersalz
4 EL Olivenöl extra vergine
2 Knoblauchzehen, in feine Scheiben geschnitten
4 frische Basilikumblätter, grob zerzupft
400 g kurze Pasta (z. B. Penne)
100 g geräucherter Provolone oder Gouda, in kleine Würfel geschnitten
50 g frisch geriebener Parmesan

Die Zucchini waschen, abtrocknen und die Spitze sowie den Stielansatz entfernen (1). In etwa ½ cm dicke Scheiben schneiden, in eine Schüssel (oder in ein Küchensieb) geben, mit etwas Meersalz bestreuen und 5–10 Minuten ziehen lassen, um die Zucchini zu entwässern (2).
In der Zwischenzeit das Olivenöl in einer Pfanne erhitzen und den Knoblauch bei kleiner Hitze glasig anschwitzen (3). Die Zucchini, etwas Salz und das Basilikum hinzugeben und alles gut verrühren (4).

Mamma Agatas kleines Geheimnis

Mamma Agata lässt die Pfanne zugedeckt immer etwa 5 Minuten stehen, damit sich die verschiedenen Aromen besser miteinander verbinden können.

Die Pasta in reichlich Salzwasser al dente kochen, abgießen und in die Pfanne geben. Das Ganze sorgfältig miteinander verrühren und bei kleiner Hitze noch einige Minuten ziehen lassen (5).

Mamma Agatas kleines Geheimnis

Mamma Agata gibt den klein gewürfelten Räucherkäse erst kurz vor dem Servieren in die Pfanne mit den Zucchini.

Auf vier Teller verteilen, mit dem Parmesan bestreuen und heiß servieren.

Pasta con zucchine e panna

Pasta mit Zucchini und Crème fraîche

Für 4 Personen
1 kg Zucchini
2 TL Meersalz + 1 Prise Salz für die Sauce
50 g Butter
1 kleine rote oder weiße Zwiebel, fein gehackt
4 frische Basilikumblätter, grob zerzupft
400 g kurze Pasta (vorzugsweise Penne)
250 g Crème fraîche (ggf. Sauerrahm oder Buttermilch)
100 g geräucherter Provolone oder Gouda,
in kleine Würfel geschnitten
50 frisch geriebener Parmesan

Die Zucchini waschen, abtrocknen und die Spitze sowie den Stielansatz entfernen. In etwa ½ cm dicke Scheiben schneiden (1), in eine Schüssel (oder in ein Küchensieb) geben, mit etwas Meersalz bestreuen und 5–10 Minuten ziehen lassen, um die Zucchini zu entwässern
(2).
Die Butter in einer antihaftbeschichteten Pfanne bei kleiner Hitze zerlassen. Die Temperatur erhöhen und die Zwiebeln bei mittlerer Hitze goldgelb anschwitzen (3). Die Zucchini, eine Prise Salz und das Basilikum hinzugeben und das Ganze sorgfältig miteinander verrühren (4).
Die Pfanne zudecken und bei kleiner Hitze etwa 5 Minuten schmoren.
Die Pasta in reichlich Salzwasser al dente kochen, abgießen und und mit den Zutaten in der Pfanne vermengen. Die Crème fraîche darübergeben, sorgfältig verrühren und bei kleiner Hitze noch einige Minuten ziehen lassen (5).

Mamma Agatas kleines Geheimnis

Den Käse erst kurz vor dem Servieren in die Pfanne geben.

Auf vier Teller verteilen, mit dem Parmesan bestreuen und heiß servieren.

6

Pasta con gamberi e zucchine

Pasta mit Garnelen und Zucchini

Für 4 Personen
1 kg Garnelen
3 Zucchini
Meersalz
50 g feines Weizenmehl (Type 405 oder italienisches Mehl tipo 00)
1 l Erdnuss- oder Pflanzenöl zum Frittieren (kein Olivenöl!)
4 EL Olivenöl extra vergine
2 Knoblauchzehen, in feine Scheiben geschnitten
2 EL Cognac
400 g Pasta (vorzugsweise Linguine oder Paccheri)
40 Rucolablätter
Salz, schwarzer Pfeffer aus der Mühle

Die Garnelen waschen und säubern, den auf der Rückseite entlanglaufenden Darm entfernen und etwa 10 Minuten zum Entsalzen in kaltes sauberes Wasser legen.
Die Zucchini waschen, abtrocknen und die Spitze sowie den Stielansatz entfernen.
In etwa ½ cm große Streifen schneiden (1), in eine Schüssel (oder in ein Küchensieb) geben, mit etwas Meersalz bestreuen und 5–10 Minuten ziehen lassen, um die Zucchini zu entwässern.

Die Zucchinistreifen rundum im Mehl wälzen (1), anschließend im Erdnuss- oder Pflanzenöl goldbraun frittieren. Dabei Mamma Agatas Frittieranleitung (siehe Seite 43) folgen.
Das Olivenöl in einer antihaftbeschichteten Pfanne erhitzen und den Knoblauch goldgelb anschwitzen (2).
Garnelen (3), Cognac (4) und eine Prise Salz hinzufügen. Zugedeckt etwa 3 Minuten garen, bis die Farbe der Garnelen ins Rötliche wechselt.
Die Pasta in reichlich Salzwasser al dente kochen, abgießen und mit den Zutaten in der Pfanne vermengen. Bei kleiner Hitze weitere 2 Minuten ziehen lassen. Die frittierten Zucchinistreifen und die Rucolablätter dazugeben. Mit Pfeffer übermahlen. Heiß servieren!

Spaghetti del contadino

SPAGHETTI AUF BÄUERLICHE ART

Für 4 Personen
1 kg vollreife Kirschtomaten
1 EL Petersilie, fein gehackt
4 Knoblauchzehen, in feine Scheiben geschnitten
6 EL Olivenöl extra vergine + Olivenöl zum Beträufeln
1 TL getrockneter Oregano
je 2 Dutzend grüne und schwarze Oliven (mit oder ohne Stein)
1 EL Kapern in Salz, gewaschen und abgetropft
400 g Pasta (vorzugsweise Spaghetti)
1 Tasse Rucolablätter

Die Kirschtomaten halbieren, ggf. vierteln und mit der Petersilie in eine Schüssel geben (1).

Mamma Agatas kleines Geheimnis
Die Petersilie auf alle Fälle vorher zu den Tomaten geben, damit sie beim Erhitzen nicht ihr Aroma verliert. Wird die Petersilie zu stark erhitzt, setzt sie einen Giftstoff frei, das Apiol.

Den Knoblauch und das Olivenöl in eine Pfanne geben und beides bei sehr niedriger Temperatur langsam erhitzen, damit der Knoblauch sein Aroma im Öl voll entfalten kann.

Mamma Agatas kleines Geheimnis
Wenn der Knoblauch erst später ins schon heiße Öl gegeben wird, neigt er dazu anzubrennen und bitter zu werden.

Anschließend Kirschtomaten und Petersilie (4), Oregano, grüne und schwarze Oliven (5, 6) und Kapern (7) hinzufügen.

Mamma Agatas kleines Geheimnis

Kapern in Salz sind sehr intensiv im Geschmack. Damit das Gericht später nicht zu salzig wird, müssen die Kapern vorher abgespült und getrocknet werden. Da sie aber trotzdem noch salzig genug sind, dienen sie gleichzeitig als Würze. Verwenden Sie eingelegte Kapern, müssen Sie noch Salz hinzufügen.

Die Pasta in reichlich Salzwasser al dente kochen, abgießen und mit den Zutaten in der Pfanne vermengen (8). Etwa 2 Minuten ziehen lassen.
Die Rucolablätter darauflegen (8), etwas Olivenöl darüberträufeln und sofort servieren.

Als Jacqueline Kennedy 1962 mit ihrem Sohn John-John die Amalfiküste besuchte, logierte sie in der legendären Villa Civita, wo Mamma Agata als Köchin arbeitete. Mamma Agata erzählte immer, dass Jacqueline eine sehr elegante, gleichzeitig aber bescheiden auftretende Frau war. Sie liebte Mamma Agatas bodenständige Küche, vor allem die *Spaghetti del contadino*.
Oft kam sie in die Küche, um eine Tasse Kaffee zu trinken, anschließend wusch sie die Tasse wieder ab und stellte sie zurück an ihren Platz im Regal. Mamma Agata schwärmte immer: »Jacqueline Kennedy war eine echte Lady!«

Mamma Agata mit Enkelin Paola.
Folgende Doppelseite: »The Hidden Treasure« und die wundervolle Aussicht auf die Amalfiküste.

Mamma

Base per Risotto

Risotto-Grundrezept

Für 4 Personen
1 EL Butter
6 EL Olivenöl extra vergine
1 kleine Zwiebel, fein gehackt
300 g Carnarolireis
125 ml Weißwein
1 l Brühe (Gemüse-, Hühner-, Rinder- oder Fischbrühe, je nach Gericht)
50 g frisch geriebener Parmesan

In einer großen Pfanne die Butter im Olivenöl bei kleiner Hitze zerlassen (1).
Die Zwiebeln hinzufügen und glasig anschwitzen (2).
Anschließend den Reis in die Pfanne geben (3) und unter ständigem Rühren so lange kochen, bis er durchsichtig wird (4). Dann können die Reiskörner die Aromen der Zwiebel, der Butter und des Olivenöls besser aufnehmen.
Den Wein dazugießen (5) und etwa 5 Minuten unter Rühren köcheln lassen, bis der Wein verkocht ist.
Mit etwas Brühe aufgießen (6). Das Ganze etwa 5–8 Minuten unter Rühren köcheln lassen, bis der Reis die Brühe aufgenommen hat. Anschließend wieder etwas Brühe angießen. So lange fortfahren, bis alle Brühe verbraucht ist. Anschließend nach Belieben die entsprechenden Zutaten zugeben (Mamma Agatas Favoriten sind Kürbis, Erbsen, Wurst oder Pilze), alles sorgfältig miteinander vermengen und al dente garen.
Am Schluss den Parmesan einrühren und den Risotto sofort servieren.

1

2

3

4

5

6

mamma agata
COOKING SCHOOL ON THE AMALFI COAST

Risotto al limone

Mamma Agatas Zitronenrisotto

Für 4 Personen
100 g Butter
300 g Carnarolireis
Saft und abgeriebene Schale von 2 Zitronen
Salz
1 l Gemüsebrühe
250 g Crème fraîche
Zesten von 1 Zitrone
50 g frisch geriebener Parmesan

Die Butter in einer großen Pfanne bei kleiner Hitze zerlassen (1).
Den Reis hinzufügen (2).
Anschließend den Reis unter ständigem Rühren so lange anschwitzen, bis er durchsichtig wird (3). Dann können die Reiskörner die Aromen besser aufnehmen.
Zitronensaft (4) und -schale sowie etwas Salz hinzugeben (5). Etwa 5 Minuten unter Rühren köcheln lassen, bis die Flüssigkeit verkocht ist.
Mit etwas Brühe aufgießen (6). Das Ganze etwa 5–8 Minuten unter Rühren köcheln lassen, bis der Reis die Brühe aufgenommen hat. Anschließend wieder etwas Brühe angießen. So lange fortfahren, bis alle Brühe verbraucht und der Reis al dente ist. Die Hitze reduzieren und die Crème fraîche unterrühren, bis sie warm ist. Die Crème darf aber nicht kochen!
Den Risotto auf vier Teller verteilen und mit Zitronenzesten garnieren.
Am Schluss den Parmesan einrühren und sofort servieren.

Risotto con funghi e salsiccia

Pilz-Risotto mit Wurst

1

Für 4 Personen
100 g getrocknete Pilze
1 EL Butter
6 EL Olivenöl extra vergine
1 kleine Zwiebel, fein gehackt
300 g Carnarolireis

125 ml Weißwein
200 g Salsiccia
(oder ähnliche italienische Wurst)
1 l Gemüsebrühe
50 g frisch geriebener Parmesan
schwarzer Pfeffer aus der Mühle

Die getrockneten Pilze in etwa ¼ l kaltem Wasser etwa 30 Minuten einweichen.

In der Zwischenzeit in einer großen Pfanne die Butter im Olivenöl bei kleiner Hitze zerlassen. Die Zwiebeln hinzufügen und goldgelb anschwitzen (1).

Anschließend den Reis in die Pfanne geben (2) und unter ständigem Rühren so lange köcheln lassen, bis er durchsichtig wird (3). Dann können die Reiskörner die Aromen der Zwiebel, der Butter und des Olivenöls besser aufnehmen.

Den Wein dazugießen (4) und etwa 5 Minuten unter Rühren köcheln lassen, bis der Wein verkocht ist.

Die Wurst in die Pfanne geben (5) und auf beiden Seiten jeweils etwa 3 Minuten anbraten.

Mit etwas Brühe aufgießen (5). Das Ganze etwa 5–8 Minuten unter Rühren köcheln lassen, bis der Reis die Brühe aufgenommen hat. Anschließend wieder etwas Brühe angießen. Danach die sorgfältig ausgedrückten Pilze hinzufügen (6) und weitere etwa 10 Minuten köcheln lassen. So lange fortfahren, bis alle Brühe verbraucht ist.

Am Schluss den Parmesan einrühren und mit schwarzem Pfeffer übermahlen. Sofort servieren.

2

3

6

5

4

2009
I RISTORANTI di BIBENDA
BIBENDA
Luciano Pignataro

BIBENDA editore
DUEMILAVINI / 09
Campania da bere 2009
COSTA D'AMALFI
CAMPANIA
Nino D'Antonio
Nino D'Antonio
CORRIERE DELLA SERA
CORRIERE DEL MEZZOGIORNO
ORVIETO
casa Ruocco

Der Sommelier *Gennaro Petti*

Das ist die Geschichte meines Mannes Gennaro. Auch sein Leben war nicht immer leicht, aber sein starker Wille und seine positive Lebenseinstellung haben sich am Ende immer durchgesetzt.

Nachdem Gennaro und ich geheiratet hatten, wuchs er schnell in unseren Familienbetrieb hinein und übernahm eine wichtige Rolle – als ausgebildeter Sommelier. Er war das fehlende Teil in unserem gastronomischen Puzzle.

Als zwölfjähriger Junge wollte er unbedingt kochen lernen, ein etwas seltsamer Wunsch für einen Jungen in diesem Alter. Seiner Mutter gefiel das sehr. Diese nimmermüde starke Frau arbeitete tagsüber in einem Steinbruch und konnte sich erst abends um Gennaro, seinen Bruder und seine Schwester kümmern. Gennaro begann, seiner Mutter bei der Zubereitung des Abendessens zur Hand zu gehen, auch sonntags unterstützte er sie. Sie war sehr froh über seine Hilfe. Jungs in seinem Alter spielten normalerweise lieber Fußball oder hingen mit ihren Freunden herum und aßen Pizza, statt mit ihrer Mutter in der Küche zu stehen.

Als Gennaro fünfzehn war, wurde ihm klar, dass er Geld verdienen musste, wenn er seinen Traum, Ingenieur zu werden, verwirklichen wollte. Deshalb begann er in den Sommerferien zu arbeiten.

Seinen ersten Job fand er bei einem Metzger, wo er viel über Fleisch, über dessen Qualität, aber auch über das Zerlegen, Zubereiten und Konservieren von Fleisch lernte.

Im folgenden Sommer arbeitete er in einer Tomatenverarbeitungsfabrik. Dieser Knochenjob verlangte ihm alles ab. Da es in der Halle keine Klimaanlage gab, war es im Sommer unerträglich heiß, wenn die Abfüllanlage lief. Doch hier lernte er alles, was es über Tomaten zu wissen gab, von der Auswahl der Früchte bis zur Weiterver-

Vorhergehende Doppelseite: im Esszimmer des »Hidden Treasure«.
Linke Seite und nachfolgende Seiten: Gennaros Weinprobe.

arbeitung. In dieser Fabrik wurden auch Pfirsiche und Bohnen eingemacht, so dass er auch damit vertraut wurde.

Im Sommer darauf arbeitete er in einer Fabrik, in der Käse, Schinken, Pasta, Wein und viele andere Nahrungsmittel hergestellt wurden, so dass auch dafür sein Interesse geweckt wurde. Schließlich schloss er sein Ingenieurstudium mit Auszeichnung ab und machte sich durch sein Fachwissen und sein handwerkliches Geschick rasch einen Namen. Seine Passion für gutes Essen und Wein rückte zumindest vorübergehend in den Hintergrund.

Es sollte anders kommen. Als wir uns 1994 das erste Mal begegneten, war uns beiden recht schnell klar, dass Gennaro zukünftig eine wichtige Rolle in unserem Familienunternehmen spielen würde.

Er entschied sich, eine Ausbildung als Sommelier zu machen, die er schließlich mit Auszeichnung abschloss. Gennaro wurde rasch zu einem der gefragtesten Sommeliers an der Amalfiküste. Heute ist er Mitglied der Associazione Italiana Sommelier,

des italienischen Sommelierverbands, und in seinem privaten Keller lagern mehr als hundert Flaschen erlesener Weine, vor allem aus der Campania. Wann immer er kleine Weingüter in der Region besucht und geeignete Weine findet, wird seine Sammlung noch größer. Einige Raritäten sind außerhalb Italiens nur schwer zu finden.

Seine wieder erweckte Leidenschaft für kulinarische Genüsse führte dazu, dass er sich nach dem Wein dem Käse zuwandte. Er befasste sich mit der Käseherstellung und dem Reifeprozess und lernte schnell, hochwertige Produkte von minderen Qualitäten zu unterscheiden. Nach intensiven Studien wurde er zum »Maestro degustatore di formaggio«, zum professionellen Käsetester, ernannt.

Daneben kann er auch wundervoll kochen, vor allem, wenn es um fangfrischen Fisch und Meeresfrüchte geht. Gennaro ist beim Kochen mit der gleichen Leidenschaft dabei wie bei Weindegustationen und bei Käse-Tastings.

Jeder, der zu uns kommt, ob zu einer Weinprobe oder um Mamma Agatas Küche zu probieren, spürt sofort, dass Gennaro seine Passion für gute Küche und erlesene Weine lebt. In den letzten Jahren hat er sich auch zum Experten für Grappa entwickelt. Apropos Spirituosen: Wir sind sehr stolz auf unseren selbst gemachten Limoncello, den berühmten süditalienischen Zitronenlikör.

Daneben stellt Gennaro Liköre aus Mandarinen, Aprikosen und Fenchel her.

Trotz aller Erfolge bleibt Gennaro neugierig. Sein langer Weg durch die Welt der kulinarischen Köstlichkeiten führte ihn schließlich zum Olivenöl. Wie nicht anders zu erwarten, hat er sich auch hier zum Experten entwickelt. Im selben Jahr, als er zum professionellen Käsetester ernannt wurde, erhielt er auch ein Diplom als Olivenöl-verkoster.

Vor diesem Hintergrund lag es auf der Hand, dass wir auch eine Weinschule eröffneten. Dort bringt Gennaro interessierten Laien bei, wie sie einen guten Wein erkennen können.

Seine Unterrichtsmethode ist verblüffend einfach. Sie lernen, wie Sie einen Wein anhand seines Geschmacks, seines Geruchs und seiner Optik beurteilen können. Es genügen also Gaumen, Nase und Augen. Sie erfahren aber auch alles Wissenswerte über den Herstellungsprozess, die Vielfalt der Rebsorten und die alkoholische Gärung.

Käse und Wein sind eine ideale Kombination. Deshalb wird bei einer Weinprobe bei uns auch immer Käse verkostet. Wir bieten zehn heimische Käsesorten aus der Campania an, erläutern ihre Herstellung und erklären, wie gut sie mit Mamma Agatas Kastanienhonig oder ihrer Birnenmarmelade schmecken …

Die italienische Küche ist – wie heute jeder weiß – untrennbar mit Olivenöl verbunden. Wir vermitteln daher unseren Gästen auch die wichtigsten Informationen über Olivenöl. Welches Öl man kaufen sollte, wozu man es am besten verwendet, wie man es aufbewahrt und wie es seinen Geschmack behält.

Seite 104–105: Gennaro und Chiara bei einer abendlichen Weinprobe.

Gutes Essen gibt es bei allen Seminaren natürlich auch. Gennaro bereitet für seine Kursteilnehmer stets Spezialitäten aus unserer Küche zu, die gut zu den jeweiligen Weinen passen, und zum Abschluss gibt es Grappa mit Gebäck und Schokolade.

Wenn Sie Mamma Agatas Lebensgeschichte gelesen haben, werden Sie feststellen, dass es Parallelen zwischen ihr und Gennaro gibt. Beide waren bereits von Kindesbeinen an vom Kochen begeistert, haben später ihre Passion zum Beruf gemacht und teilen heute ihre Leidenschaft für gutes Essen und Trinken mit den Gästen im »Hidden Treasure«.

In der Tat: Gennaro und Mamma Agata stehen heute nebeneinander in der Küche. Beide sind begnadete Köche, jeder auf seine Art und Weise. Eines aber ist beiden gemeinsam: Sie zaubern wundervolle Gerichte mit köstlichen Aromen, immer einfach, immer bodenständig.

Gennaro ist nicht nur ein guter Koch, er ist auch ein gelehriger Schüler. Wann immer es geht, schaut er Mamma Agata über die Schulter, um ihre Geheimnisse zu ergründen. Eines Tages wird bestimmt auch er an unserer Kochschule unterrichten!

Ich weiß, dass Gennaro nie aufhören wird, zu lernen. Seine schier unerschöpfliche Energie, seine Großherzigkeit und seine Leidenschaft für gutes Essen und Trinken wird ihn weiter antreiben, sein Bestes zu geben und unseren Gästen im »Hidden Treasure« unvergleichliche Stunden zu bereiten.

Chiara Lima

Arrosto di maiale

SCHWEINEBRATEN

Für 4 Personen
1 mittelgroße weiße Zwiebel
2 Karotten
1 Selleriestange
8 Salbeiblätter
2 Rosmarinzweige
1 kg Schweinerücken
50 g Butter
5 EL Olivenöl extra vergine
2 EL Meersalz
250 ml Weißwein
1 m Küchengarn

Die Zwiebel schälen und fein hacken. Die Karotten schälen und waschen, anschließend in kleine Würfel schneiden. Die Selleriestange waschen und in kleine Würfel schneiden.

Die Salbeiblätter und die Rosmarinzweige mit Küchengarn auf dem Schweinerücken fixieren (1).

1

Mamma Agatas kleines Geheimnis

• Das Umwickeln des Schweinerückens mit den Kräutern sorgt dafür, dass das Fleisch die Aromen besser aufnehmen kann.

• Im Süden Italiens wird zum Kochen normalerweise Olivenöl, zum Backen und für Desserts hingegen Butter verwendet. Hin und wieder werden beide Fette auch gemeinsam benutzt (z. B. bei Ragù alla bolognese, Ragù napoletano und diesem Gericht). Butter hält auch bei einem längeren Kochprozess die Geschmacksintensität bis zum Schluss, während Olivenöl nach etwa 30 Minuten seinen Eigengeschmack verliert.

2

Die Butter im Olivenöl in einer großen antihaftbeschichteten Pfanne bei kleiner Hitze zerlassen (2).
Den Schweinerücken hinzufügen und rundum kräftig anbraten, damit sich die Poren schließen (2). Erst danach das Fleisch salzen und rundherum goldbraun braten.

3

Mamma Agatas kleines Geheimnis

Verwenden Sie stets einen Holzlöffel und keinen Pfannenwender aus Metall, sonst beschädigen Sie möglicherweise die Antihaftbeschichtung Ihrer Pfanne.

Anschließend den Weißwein über das Fleisch gießen (3). Zugedeckt bei kleiner Hitze etwa 2 Minuten einkochen lassen. Anschließend Karotten, Sellerie (4) und Zwiebeln hinzufügen (5) und den Braten zugedeckt etwa 1 Stunde bei mittlerer Hitze garen, dabei das Fleisch alle 15 Minuten vorsichtig wenden. Anschließend vom Herd nehmen, den Braten 10–15 Minuten ruhen lassen und servieren.

Tipp

Das Gemüse kann als Beilage oder püriert als Garnitur auf dem Braten serviert werden.

Soffritto

Ein *soffritto* ist auch für die einfachste Pastasauce von grundlegender Bedeutung. Es verleiht allen Gerichten einen lebendigen und abgerundeten Geschmack. Ein *soffritto* besteht aus in kleine Würfel geschnittenem Gemüse – zumeist Zwiebeln, Karotten und Bleichsellerie –, das in Olivenöl bei leichter Hitze angedünstet wird. Wer will, kann auch Knoblauch zugeben, der aber nicht zu lange angeschwitzt werden sollte, da er sonst bitter wird. Wer eine gewisse Schärfe liebt, kann auch Peperoncino hinzufügen.

agata

Arrosto di vitello

Kalbsbraten

Für 4 Personen
10 frische Salbeiblätter
3 Rosmarinzweige
1 kg Kalbsschulter
250 g ungesalzene Butter
2 Knoblauchzehen, in feine Scheiben geschnitten
Meersalz
250 ml Weißwein
1 m Küchengarn

Die Salbeiblätter und die Rosmarinzweige mit Küchengarn auf der Kalbsschulter fixieren (1).

1

Mamma Agatas kleines Geheimnis

Das Umwickeln mit den Kräutern sorgt dafür, dass das Fleisch die Aromen besser aufnehmen kann.

Die Butter in einer großen antihaftbeschichteten Pfanne bei kleiner Hitze zerlassen. Die Temperatur erhöhen und den Knoblauch goldgelb anschwitzen (2). Nicht anbrennen lassen!
Die Kalbsschulter in die Pfanne geben und rundum kräftig anbraten, damit sich die Poren schließen (2). Dann das Fleisch salzen und von allen Seiten insgesamt etwa 5 Minuten goldbraun braten. Zum Wenden einen Holzlöffel verwenden.

2

Anschließend den Weißwein über das Fleisch gießen (3). Zugedeckt bei mittlerer Hitze etwa 20 Minuten garen. Der Braten sollte innen schön rosa sein.
Auf eine Servierplatte setzen, in Scheiben schneiden und sofort servieren.

3

Tipp

Wenn Sie das Fleisch lieber durchgebraten mögen, geben Sie die Scheiben wieder in die Pfanne zurück und braten Sie das Fleisch im eigenen Saft weiter.

Coniglio con pomodoro e olive

KANINCHEN MIT TOMATEN UND OLIVEN

Für 4 Personen
1 kg küchenfertiges Kaninchen
Salz
3 EL Weißweinessig
½ weiße Zwiebel, fein gehackt
4 EL Olivenöl extra vergine
2 Lorbeerblätter
10 Kirschtomaten, halbiert
20 schwarze Oliven ohne Stein
20 grüne Oliven ohne Stein

Das Kaninchen säubern und mit den Knochen in Stücke schneiden (1). Eine große antihaftbeschichtete Pfanne auf der Herdplatte stark erhitzen (1).

Mamma Agatas kleines Geheimnis
Kein Öl in die Pfanne geben, damit sich beim Anbraten die Poren verschießen und kein Saft austritt.

Das Kaninchenfleisch in die sehr heiße Pfanne geben und auf beiden Seiten kräftig anbraten. Anschließend salzen (1).
Den Weißweinessig hinzufügen und zugedeckt bei mittlerer Hitze etwa 2 Minuten einkochen lassen.

Mamma Agatas kleines Geheimnis
Der Essig neutralisiert den Eigengeschmack der Haut.

Die Hitze reduzieren und die Zwiebeln (2), das Olivenöl (3) und die Lorbeerblätter hinzufügen. Zugedeckt etwa 5 Minuten köcheln lassen. Anschließend die Kirschtomaten (4) und die Oliven (5, 6) dazugeben und wieder zugedeckt weitere 15 Minuten garen.
Vom Herd nehmen und heiß servieren.

Coniglio fritto

Frittiertes Kaninchen

Für 4 Personen
1 kg küchenfertiges Kaninchen
10 Knoblauchzehen, geschält
5 frische Salbeiblätter
2 Rosmarinzweige
1 l Erdnuss- oder Pflanzenöl zum Frittieren
(kein Olivenöl!)

Das Kaninchen säubern und mit den Knochen in Stücke schneiden.
Mamma Agatas Frittieranweisungen folgen (siehe Seite 43).
Die Knoblauchzehen, den Salbei und den Rosmarin in das kalte Frittieröl geben (1). Anschließend das Öl bis zur gewünschten Temperatur erhitzen.

Mamma Agatas kleines Geheimnis
Die Kräuter und der Knoblauch geben dem Öl zusätzliche Aromen und mildern den Wildgeschmack des Kaninchenfleischs.

Das Kaninchenfleisch in die Pfanne geben und einige Minuten goldbraun frittieren (2).
Aus der Pfanne nehmen und auf Küchenpapier abtropfen lassen. Heiß servieren!

Mamma Agatas kleines Geheimnis
Alle frittierten Gerichte sollten sofort verzehrt werden. Guten Appetit!

Pollo al limone

Mamma Agatas berühmtes Zitronenhuhn

Für 4 Personen
½ küchenfertiges Huhn
5 Knoblauchzehen, geschält und halbiert
2 TL Meersalz
1 EL getrockneter Salbei
1 EL getrockneter Rosmarin
250 ml Wein (oder Mamma Agatas Weinaufguss, siehe nachfolgendes Rezept)
1 EL glatte Petersilie, grob gehackt
Saft von 2 großen Zitronen (oder von 4 kleinen)

Mamma Agatas Weinaufguss
Mindestens 4 Tage vor dem Gebrauch zubereiten.
1 Flasche Weißwein (750 ml)
2 Rosmarinzweige
8 Salbeiblätter

Zunächst für den Weinaufguss die Kräuter einige Minuten in den warmen Ofen legen, bis sie zu duften beginnen. Anschließend in die Flasche geben, verschließen und den Wein mindestens 4 Tage ziehen lassen.

Für das Zitronenhuhn das Huhn säubern und mit den Knochen in Stücke schneiden. Die Haut nicht entfernen (1).

Mamma Agatas kleines Geheimnis

Verwenden Sie eine antihaftbeschichtete Pfanne. Beim kräftigen Anbraten ohne Fett schließen sich die Poren, aber das Fleisch hängt durch die Beschichtung nicht an. Geben Sie ruhig alle Fleischstücke in die ausreichend große Pfanne, dann ist der Fleischsaft konzentrierter.

Den Knoblauch in die Pfanne geben (1). Bei starker Hitze goldgelb anbraten (1), dabei mit einem Holzlöffel umrühren und aufpassen, dass er nicht anbrennt. Nach und nach die Hühnerstücke mit der Hautseite nach unten dazugeben (1). Das Fleisch sollte in der Pfanne zischen, dann schließen sich die Poren. Jeweils die Hälfte Meersalz, Rosmarin und Salbei auf das Fleisch streuen (2, 3). Sobald die Haut goldbraun ist, die Fleischstücke wenden. Den Rest Meersalz, Rosmarin und Salbei darüberstreuen und auch auf dieser Seite goldbraun braten.

Anschließend die Hitze reduzieren und die Pfanne zudecken. Die Temperatur reduzieren und das Huhn ca. 20 Minuten garen (4).

Mamma Agatas kleines Geheimnis
Lassen Sie beim Kochen auf jeden Fall den Deckel geschlossen, sonst besteht die Gefahr, dass das Fleisch trocken wird. Der geschlossene Deckel garantiert ausreichende Feuchtigkeit während des Garvorgangs. Wenn Sie einen Glasdeckel benutzen, können Sie erkennen, wie der Dampf aufsteigt, sich wieder verflüssigt und in die Pfanne tropft (4).

Nach etwa 20 Minuten sind die Fleischsäfte verkocht. Den Deckel abnehmen und den Wein hinzufügen (5). Bei kleiner Hitze weiterköcheln lassen, bis der Wein verkocht ist.

Mamma Agatas kleines Geheimnis
Verwenden Sie statt des Kochweins meinen Weinaufguss! Dann erhält das Hühnerfleisch noch mehr Geschmack.

Kurz vor dem Servieren die Petersilie darüberstreuen und den Zitronensaft hinzufügen (6, 7, 8).

Tipp

Dieses Rezept kann gut vorbereitet werden und zwar Schritt für Schritt, bis der Wein hinzugefügt wird. Nehmen Sie anschließend die Pfanne vom Herd; lassen Sie sie aber zugedeckt. Wenn Ihre Familie oder Ihre Freunde eingetroffen sind, fahren Sie einfach wie im Rezept angegeben fort. Auf diese Weise können Sie sich Ihren Gästen widmen und müssen nicht die ganze Zeit in der Küche stehen.

Kaninchen

Kaninchen – das ist zartes, mageres Fleisch und erfordert daher besonders schonende Zubereitung. Es lässt sich braten, schmoren und füllen. Nahezu jede Region Italiens bietet raffinierte Rezepte mit Kaninchen an: Kaninchenkeule, Kaninchenfilet, Kaninchen-Involtini, Kaninchen in Sugo, Kaninchenragout.

Ein wundervolles Fleisch, gesund und es schmeckt hervorragend, das sagen die Sterneköche.

Diese Eigenschaft teilt das Kaninchenfleisch mit vielen Zutaten der italienischen wie der gesamten Mittelmeerküche, die im November 2010 von der UNESCO zum Immateriellen Kulturerbe der Menschheit erklärt wurde. »Gehaltvolle Zutaten, in denen die Kraft von Sonne, Meer und Vulkanen steckt, sorgen nicht nur für großartige Geschmackserlebnisse, sondern leisten einen enormen Beitrag für die Gesundheit.«

Pollo alla cacciatora

HÜHNCHEN NACH JÄGERART

Für 4 Personen
375 ml Mamma Agatas Tomatensauce (siehe Seite 51)
oder 20 erntefrische, sehr reife Kirschtomaten
½ küchenfertiges Huhn
1 Zwiebel
2 rote Paprikaschoten
2 EL Olivenöl extra vergine
100 g Speck, in etwa 5 cm lange Streifen geschnitten
1 Rosmarinzweig
250 ml Weißwein
2 Prisen Meersalz
100 g kleine Champignons

Mamma Agatas Tomatensauce zubereiten (siehe Seite 51).
Das Huhn säubern und mit den Knochen in Stücke schneiden.
Die Haut nicht entfernen.

1

Mamma Agatas kleines Geheimnis
Wenn man die Haut und die Knochen des Huhns mit verarbeitet, hat dieses Gericht mehr Geschmack.

Die Zwiebel schälen, in Viertel und anschließend in Scheiben schneiden. Die Paprikaschoten waschen und den Stielansatz sowie die Kerne entfernen. Das Fruchtfleisch in große Stücke schneiden. Die Zwiebeln und die Paprika jeweils in separate Schüsseln geben (1).

2

Das Olivenöl und den Speck in eine große antihaftbeschichtete Pfanne geben (2).
Bei mittlerer Hitze den Speck auslassen und anschließend das Hühnchenfleisch hinzufügen (3).

3

Das Fleisch auf beiden Seiten kräftig anbraten. Die Hitze reduzieren und nacheinander folgende Zutaten in die Pfanne geben: den Rosmarinzweig (4), die Zwiebeln (5), die Paprika (6), den Weißwein (7), Mamma Agatas Tomatensauce (8) (oder die Kirschtomaten) und das Meersalz. Das Ganze zugedeckt etwa 20 Minuten köcheln lassen.
Die Champignons hinzugeben und weitere 5 Minuten köcheln lassen (9). Durchrühren, vom Herd nehmen und heiß servieren.

Mamma Agata, Mario und Paola mit ihrer »Ernte«.

Mamma Agata
COOKING SCHOOL ON THE AMALFI COAST

Polpette di Mamma Agata

Mamma Agatas Hackfleischbällchen

Für 4 Personen
200 g altbackenes Brot
125 ml Wasser
125 ml Vollmilch
½ kg gemischtes Hackfleisch, halb Rind, halb Schwein
50 g frisch geriebener Parmesan
3 Eier
1 EL Petersilie, fein gehackt
1 Knoblauchzehe, sehr fein gehackt
100 g feines Weizenmehl (Type 405 oder italienisches Mehl tipo 00)
1 l Erdnuss- oder Pflanzenöl zum Frittieren (kein Olivenöl!)

Die Brotrinde entfernen(1).
Das Brot etwa 5 Minuten in einer Mischung aus Wasser und Milch einweichen (2).
Das eingeweichte Brot mit den Händen gut durchkneten und die überschüssige Flüssigkeit ausdrücken (3, 4).
Das weiche Brot auf einem Teller beiseitestellen (4).
Hackfleisch (5), Brot (6), Parmesan (7), Eier (8), Petersilie (9) und Knoblauch nach und nach in eine große Schüssel geben und das Ganze mit den Händen sorgfältig kneten (5–11).

Mamma Agatas kleines Geheimnis
Knoblauch hat einen sehr intensiven scharfen Geschmack. Deshalb sollten Sie ihn nur sparsam verwenden. Knoblauch immer sehr fein hacken, aber nicht auspressen.

Das Mehl auf einen Teller geben. Eine Portion Hackfleischteig abnehmen, mit feuchten Händen zu einer Kugel formen (12) und im Mehl wälzen (13). Anschließend die Kugel auf einen sauberen Teller setzen (14). Fortfahren, bis der Teig verbraucht ist. Die Bällchen sollten etwa die Größe eines Golfballs haben.

Die Fleischbällchen nach Mamma Agatas Frittieranweisungen (siehe Seite 43) goldbraun frittieren (15). Aus dem Öl nehmen und auf Küchenpapier abtropfen lassen.
Heiß servieren!

Eine interessante Alternative:
Sie können die Fleischbällchen auch in eine feuerfeste Auflaufform setzen, mit etwas Olivenöl beträufeln und bei 150 °C im Ofen goldbraun backen.

Mamma Agatas Hackfleischbällchen können als Vorspeise, mit Tomatensauce oder als Lasagnefüllung gereicht werden.

Hackfleisch
In nahezu allen Kulturen dieser Welt spielt Hackfleisch eine große Rolle. In der Regel handelt es sich um durch den Fleischwolf gedrehtes rohes Fleisch – ohne jegliche weitere Zutat. Bei Schweinehackfleisch handelt es sich um zerkleinertes Schweinefleisch, zumeist aus Brust oder Schulter gewonnen. Der Fettgehalt liegt maximal bei 35 %. Rinderhackfleisch dagegen wird auch aus Brust oder Schulter gewonnen, es wird leicht entsehnt und hat einen Fettgehalt von höchstens 20 %.
Hackfleisch darf nur am Herstellungstag verkauft werden und darf nur aus nicht aufgetautem Flleisch erzeugt werden. Die Lagertemperatur muss bei 2 °C liegen.

9

14

10

11

15

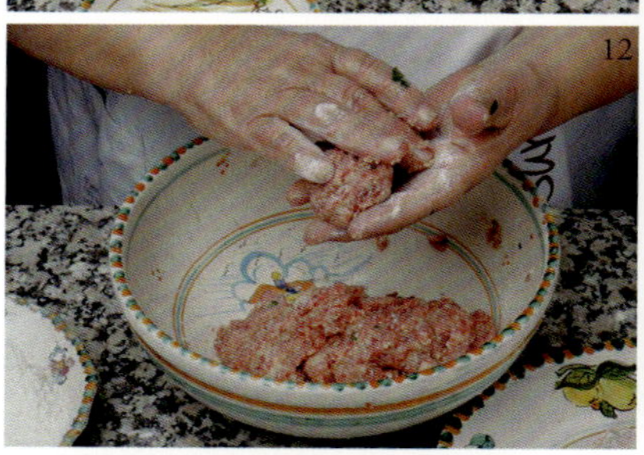
12

13

Polpette al pomodoro

HACKFLEISCHBÄLLCHEN MIT TOMATENSAUCE

Für 4 Personen
200 g altbackenes Brot
125 ml Milch
125 ml Wasser
½ kg gemischtes Hackfleisch,
halb Rind, halb Schwein
50 g frisch geriebener Parmesan
3 Eier
1 Knoblauchzehe, sehr fein gehackt
1 EL Petersilie, fein gehackt
2 EL Sultaninen
2 EL Pinienkerne
100 g feines Weizenmehl (Type 405 oder italienisches Mehl tipo 00)
1 l Erdnuss- oder Pflanzenöl zum Frittieren (kein Olivenöl!)
1 l Mamma Agatas Tomatensauce (siehe Seite 51)

Die Brotrinde entfernen. Das Brot etwa 5 Minuten in einer Mischung aus Wasser und Milch einweichen.
Das eingeweichte Brot mit den Händen gut durchkneten und die überschüssige Flüssigkeit ausdrücken.
Hackfleisch, Brot, Parmesan, Eier, Knoblauch, Petersilie, Sultaninen und Pinienkerne in eine große Schüssel geben und das Ganze mit feuchten Händen sorgfältig kneten (1).
Die einzelnen Arbeitsschritte sind identisch mit dem vorhergehenden Rezept (siehe Seite 125–127). Orientieren Sie sich an den Abbildungen dort, wenn Sie Hilfe brauchen.

Das Mehl auf einen Teller geben. Eine Portion Hackfleischteig abnehmen, mit feuchten Händen zu einem Oval formen (2) und im Mehl wälzen. Auf einen sauberen Teller setzen. Fortfahren, bis der Teig verbraucht ist. Die Ovale sollten die Form einer kleinen Kokosnuss haben (etwa 10 cm lang).

Die Fleischbällchen nach Mamma Agatas Frittieranweisungen (siehe Seite 43) goldbraun frittieren (3). Aus der Pfanne nehmen, auf Küchenpapier abtropfen lassen und auf einen Teller legen (4). (Nicht zu lange frittieren, da sie nachgaren.)
In einer Pfanne Mamma Agatas Tomatensauce zubereiten (siehe Seite 51), die Fleischbällchen hinzufügen und das Ganze etwa 15 Minuten köcheln lassen (5).
Heiß servieren! Dazu passt ein mediterraner Salat.

Pinienkerne
Pinienkerne sind, wie der Name sagt, die Samenkerne der Schirmpinie, Pinus pinea. Sie sind schlank und länglich geformt, zudem sehr ölhaltig. Sie haben einen sehr feinen Geschmack und passen zu Pasta wie zu Süßem. Unentbehrlich sind *pinoli* für das ligurische Pesto aus Basilikum, Parmesan, Knoblauch und Olivenöl.

Eingemachte Tomaten.

Spezzatino di carne con patate e carote

GULASCH MIT KARTOFFELN UND KAROTTEN

Für 4 Personen
4 Kartoffeln
2 Karotten
1 kg Rindfleisch (Nacken oder andere zum Schmoren geeignete Stücke)
50 g feines Weizenmehl (Type 405 oder italienisches Mehl tipo 00)
1 Zwiebel
4 EL Olivenöl extra vergine
2 Prisen Meersalz
5 Salbeiblätter
125 ml Weißwein
1 Tasse Wasser

Die Kartoffeln und die Karotten schälen, waschen und in mundgerechte Stücke schneiden.
Das Fleisch in Würfel schneiden und im Mehl wälzen. Beiseitestellen.
Die Zwiebel schälen, zuerst in Viertel und anschließend in Scheiben schneiden. Mit dem Olivenöl in eine Pfanne geben und goldgelb anschwitzen (1).
Das Fleisch und eine Prise Meersalz hinzufügen (2). Das Fleisch kräftig anbraten, immer wieder wenden, damit es auf allen Seiten gleichmäßig gebräunt ist (3). Anschließend die Salbeiblätter und den Weißwein dazugeben (4). Zugedeckt etwa 10 Minuten köcheln lassen.
Das Wasser angießen, Kartoffeln und Karotten und das restliche Salz hinzugeben. Zugedeckt erneut etwa 20 Minuten köcheln lassen, bis das Gemüse weich ist. Heiß servieren.

BRASIL
NDOKAN

Mamma Agatas *Fischgerichte*

Es heißt, die besten Fischrezepte stammten von den Fischern selbst, da sie Respekt und eine tief verwurzelte Liebe zum Meer haben. Sie wissen, wie man den unvergleichlichen Geschmack der Meeresfische beim Garen erhält und auf den Teller bringt.

Mamma Agata hat dieses Gespür schon in ganz jungen Jahren »geerbt«. Ihrer Küchenphilosophie entsprechend soll auch Fisch ehrlich und echt schmecken. Bei ihr kommt nur fangfrischer Fisch auf den Tisch.

Die Kunst, Fisch so zuzubereiten, dass er tatsächlich nach Fisch schmeckt, hatte Agata von einem alten Fischer in Amalfi gelernt. Sie kaufte von Anfang an ihre Zutaten ausschließlich auf den heimischen Märkten, den Fisch natürlich direkt am Hafen. Dort erfuhr sie auch, wie man welchen Fisch perfekt zubereitet. Dabei bekam Agata auch so manches streng gehütete Familienrezept anvertraut. Sie lernte schon sehr früh den Stellenwert heimischer Produkte schätzen und es gelang ihr, die fangfrischen Fische aus dem Meer vor der Amalfiküste harmonisch mit Gemüse und Kräutern der Region zu verbinden.

Vorhergehende Doppelseite: auf der Terrasse von »The Hidden Treasure«.

Pesce al forno del marinaio

IM OFEN GEGARTER FISCH NACH SEEMANNSART

Für 4 Personen
1 ganzer fangfrischer Fisch (700–1000 g, alternativ 1 küchenfertiger Fisch, ausgenommen und die Schuppen entfernt)
1 TL Meersalz
2 Knoblauchzehen, in feine Scheiben geschnitten
2 EL Petersilie, grob gehackt
8 EL Olivenöl extra vergine
125 ml Weißwein
125 ml Wasser
Saft von 2 Zitronen

Den Fisch gründlich säubern, die Eingeweide vorsichtig herausnehmen und die Schuppen entfernen.
Den Backofen auf 160 °C vorheizen.
Den Fisch in eine Auflaufform setzen, vorsichtig an der Bauchseite aufschneiden und das Innere mit etwas Meersalz bestreuen (1). Mit der Hälfte des Knoblauchs und 1 EL Petersilie füllen (2, 3) und verschließen.
Das Olivenöl über den Fisch träufeln und mit 1 Prise Salz bestreuen. Den Fisch wenden und auf der anderen Seite salzen (4).
Den Weißwein und das Wasser über den Fisch gießen, den restlichen Knoblauch und die restliche Petersilie darauf verteilen und etwa 15 Minuten im heißen Ofen garen.
Die Petersilie und den Knoblauch entfernen, den Fisch entgräten und filetieren. Die Filets wieder in die Form setzen, mit dem Zitronensaft beträufeln und im heißen Ofen etwa 2 Minuten erhitzen.
Anschließend auf eine Servierplatte setzen und mit der Sauce aus der Auflaufform überziehen.
Heiß servieren!

Pesce al gratin

Fischgratin

Für 4 Personen
1 EL Petersilie, fein gehackt
+ einige Petersilienzweige als Garnitur
1 TL Knoblauch, fein gehackt
4 EL Semmelbrösel
2 EL frisch geriebener Parmesan
2 Prisen Meersalz
6 EL Olivenöl extra vergine
4 Fischfilets (Kabeljau oder anderer weißfleischiger Fisch)

Den Backofen auf 160 °C vorheizen.
Petersilie, Knoblauch, Semmelbrösel, Parmesan und das Salz in einer Schüssel gut miteinander vermengen (2).
Die Hälfte der Mischung in eine feuerfeste Auflaufform geben. 2 EL Olivenöl darübergießen und den Fisch darauflegen. Wenn die Filets noch Haut haben, die Hautseite nach oben legen (3).
Das restliche Olivenöl über den Fisch gießen (4) und die zweite Hälfte der Semmelbröselmischung darüberstreuen (5).
Den Fisch im heißen Ofen etwa 10 Minuten garen. Mit Petersilienzweigen garnieren und sofort servieren.

Totani e patate

TINTENFISCH MIT KARTOFFELN

Für 4 Personen
1 kg Tintenfisch (Totani)
2 große Kartoffeln
6 EL Olivenöl extra vergine
2 Knoblauchzehen, in feine Scheiben geschnitten
2 EL Petersilie, fein gehackt
1 TL getrockneter Oregano
½ Tasse Weißwein
10 Kirschtomaten
1 TL Meersalz
1 Tasse Wasser

Den Tintenfisch säubern und sehr sorgfältig waschen. Körper und Tentakel in kleine Stücke schneiden und in eine Schüssel geben (1).
Die Kartoffeln schälen und in Würfel schneiden. In eine mit Wasser gefüllte Schüssel geben und beiseitestellen. So werden sie nicht braun.
Olivenöl, Knoblauch und Petersilie in eine Pfanne geben (2) und bei kleiner Hitze etwa 2 Minuten anschwitzen, bis der Knoblauch goldgelb ist.

Tipp
Wird Petersilie zu stark erhitzt, setzt sie einen Giftstoff frei, das Apiol.

Den Tintenfisch (3) und den Oregano (4) hinzufügen.
Den Wein darübergießen (5) und zugedeckt 5 Minuten garen.
Kirschtomaten, Kartoffeln, Salz und Wasser hinzugeben (6). Zugedeckt bei kleiner Hitze etwa 15 Minuten köcheln lassen, bis die Kartoffeln weich sind.
Auf vier Teller verteilen und heiß servieren.

1

2

3

6

5

4

Totani imbottiti

GEFÜLLTER TINTENFISCH

Für 4 Personen
1 Bund glatte Petersilie
4 große Tintenfische (Totani)
1 EL Kapern
10 schwarze Oliven, entsteint und fein gehackt
5 EL Olivenöl extra vergine
50 g Semmelbrösel
50 g frisch geriebener Parmesan
2 Knoblauchzehen, fein gehackt
750 ml Tomatenpüree
etwas getrockneter Oregano
Außerdem: Zahnstocher

Die Petersilie waschen und trocken schütteln. Die Blätter von den Stängeln zupfen und fein hacken.
Den Tintenfisch säubern und sorgfältig waschen. Die Tentakel vom Körper lösen und in kleine Stücke schneiden (1). Kapern, Oliven und die Hälfte der Petersilie mit den Tentakelstückchen mischen (2).
Etwas Olivenöl in eine Pfanne geben und die Tentakelmischung dazugeben. Bei mittlerer Hitze etwa 5 Minuten anbraten, anschließend die Hitze reduzieren (3).

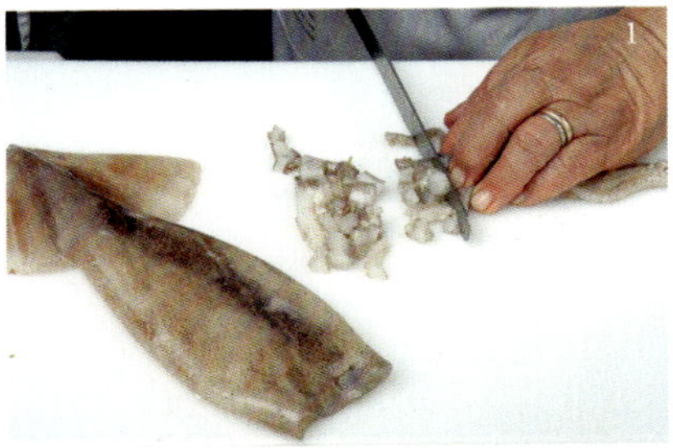

Mamma Agatas kleines Geheimnis

Achten Sie stets darauf, dass die für ein Gericht verwendeten Zutaten jeweils dieselbe Temperatur (zimmerwarm) haben. Die Aromen können sich auf diese Weise leichter verbinden.

Die Semmelbrösel und den Parmesan (4) hinzufügen, alles gut miteinander vermengen und anschließend vom Herd nehmen (5).

Den Tintenfischkörper mit der Tentakelmischung füllen (6) und mit einem oder zwei Zahnstochern verschließen (7, 8).

Das restliche Olivenöl in einer großen Pfanne erhitzen und den Knoblauch goldgelb anschwitzen.

Den gefüllten Tintenfisch und die restliche Petersilie (sowie gegebenenfalls die übrig gebliebene Tentakelmischung) hinzufügen (9, 10) und rundum kräftig anbraten.

Das Tomatenpüree und den Oregano (11) hinzufügen. Die Hitze reduzieren und das Ganze etwa 30 Minuten köcheln lassen.

Vom Herd nehmen und den gefüllten Tintenfisch in etwa 1 ½ cm dicke Scheiben schneiden, mit Tomatensauce überziehen und heiß servieren.

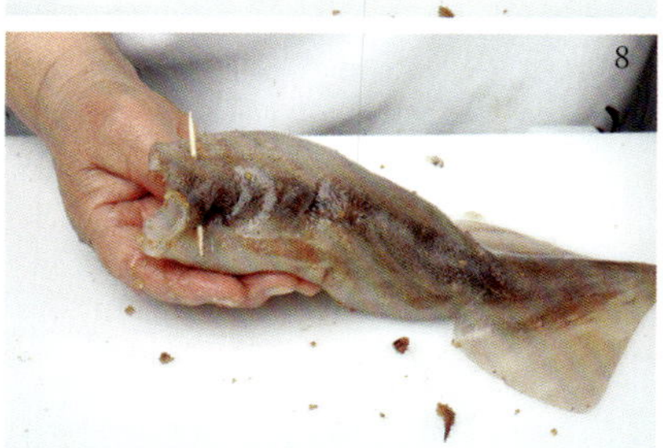

Sauté di cozze e vongole

Muschelpfanne

Für 4 Personen
500 g frische Miesmuscheln
500 g frische Venusmuscheln
4 EL Olivenöl extra vergine
2 Knoblauchzehen, in feine Scheiben geschnitten
1 EL frische Petersilie, fein gehackt
Salz
schwarzer Pfeffer aus der Mühle
1 Zitrone

Die Muscheln säubern und sorgfältig waschen.
Das Olivenöl in einer großen antihaftbeschichteten Pfanne erhitzen und den Knoblauch goldgelb anschwitzen (1).
Muscheln und Petersilie in die Pfanne geben, etwas salzen und alles gut miteinander verrühren (2, 3).
Zugedeckt einige Minuten köcheln lassen, bis sich die Schalen öffnen. Alle Muscheln, die sich nicht öffnen, unbedingt entfernen!
Mit etwas Pfeffer übermahlen, mit Zitronenspalten garnieren und heiß servieren. Die Zitrone nach Belieben über den Muscheln ausdrücken.

Auch köstlich: Muscheln mit Pasta

Die Pasta in reichlich Salzwasser al dente kochen und abgießen. Die Muscheln nach diesem Rezept zubereiten, das Muschelfleisch aus den Schalen lösen und mit der Pasta vermengen. Etwa 2 Minuten bei kleiner Hitze ziehen lassen, damit sich die Aromen verbinden. Mit einigen Muschelschalen garnieren und servieren. Mamma Agata verwendet bei diesem Pastagericht keinen Parmesan, der würzige Käse würde den Muschelgeschmack überdecken.

mamma agata
COOKING SCHOOL ON THE

mamma agata
COOKING SCHOOL ON THE AMALFI COAST

Impasto pizza

Pizzateig

Für 4 Personen
25 g Trockenhefe
125 ml lauwarmes Wasser
125 ml Milch (Zimmertemperatur)
500 g feines Weizenmehl
(Type 405 oder italienisches Mehl tipo 00)
4 EL Olivenöl extra vergine
1 TL Zucker
1 Prise Meersalz

Mamma Agatas kleines Geheimnis
Pizzateig zu machen ist einfach, es muss nur schnell gehen. Mamma Agata gibt mit der einen Hand Olivenöl, Zucker und Salz zum Mehl (1), mit der anderen löst sie die Hefe im lauwarmen Wasser-Milch-Gemisch auf. Üben Sie es auch einmal, aber seien Sie dabei nicht zu streng mit sich!

1

In einer Schüssel die Hefe im lauwarmen Wasser-Milch-Gemisch auflösen. Achtung! Die Hefe soll nicht länger als 3 Minuten in der Flüssigkeit liegen.

2

Mamma Agatas kleines Geheimnis
Wasser und Milch dürfen weder zu warm noch zu kalt sein. Zu hohe oder zu niedrige Temperaturen töten die Hefebakterien ab und der Teig geht nicht auf.
Die Milch macht den Teig besonders geschmeidig. Natürlich können Sie auch nur Wasser verwenden, aber das Ergebnis ist lange nicht so gut, Sie werden sehen!

3

Das Mehl kreisförmig auf die Arbeitsfläche geben (1).

Mamma Agatas kleines Geheimnis
Versuchen Sie unbedingt, italienisches Mehl tipo 00 zu bekommen. Nur dann wird der Teig genau so, wie er sein soll.
Kneten Sie den Teig nicht zu lange und verwenden Sie nicht zu viel Mehl. Beides macht Ihren Teig zäh.

Anschließend das Olivenöl in einer kreisförmigen Bewegung dazugeben (1) und den Zucker darüberstreuen.
Die in der Wasser-Milch-Mischung aufgelöste Hefe und das Salz hinzufügen (2). Anschließend das Ganze mit den Händen zu einem weichen Teig verkneten (3).
Den Teig zusammenfalten und mehrere Male kneten, bis er die richtige Konsistenz hat (4).
Den fertigen Teig in eine bemehlte Schüssel geben und mit einem sauberen Küchenhandtuch abdecken. Mindestens 1 Stunde gehen lassen.

Vorhergehende Doppelseite und oben: Früh übt sich … Mamma Agata und ihre Enkelkinder Mario und Paola beim Pizzabacken.

Pizza Margherita

Pizza mit Tomaten, Mozzarella und Basilikum

1

Für 4 Personen
Mamma Agatas Pizzateig (siehe vorgehende Doppelseite)
4 EL Olivenöl extra vergine + Olivenöl für das Blech
200 g frischer Mozzarella, in kleine Stücke geschnitten
250 ml Mamma Agatas Tomatensauce (siehe Seite 51)
5–6 Basilikumblätter
1 Prise Meersalz

Den Backofen auf 200 °C vorheizen. Ein Backblech mit Olivenöl ausstreichen (1).
Den Teig in die Mitte des Backblechs geben und mit den Fingern an die Ränder drücken (2), bis der Teig gleichmäßig verteilt ist. Die Finger immer wieder mit Wasser anfeuchten, so dass der Teig beim Glattdrücken nicht daran haften bleibt.

Die Teigoberfläche mit Mamma Agatas Tomatensauce bestreichen (3). Anschließend mit dem Mozzarella belegen, mit etwas Olivenöl beträufeln und mit den Basilikumblättern belegen. Mit etwas Salz bestreuen (5).

Mamma Agatas kleines Geheimnis

Kaufen Sie den frischen Mozzarella bereits zwei Tage zuvor. Nehmen Sie ihn aus der Lake heraus und stellen Sie ihn in einer abgedeckten Schüssel in den Kühlschrank, damit er langsam austrocknen kann. Ist der Käse zu feucht, wird die Pizza matschig.

Tipp

Sie können die Pizza auch mit etwas Oregano würzen. Die echte Margherita allerdings wird ohne dieses Gewürz zubereitet.

Im heißen Ofen 15–20 Minuten backen. Anschließend einige Minuten ruhen lassen und heiß servieren.

2

3

4

5

Pizza fritta

FRITTIERTE PIZZA

Für 4 Personen
Mamma Agatas Pizzateig (siehe Seite 152)
250 ml Mamma Agatas Tomatensauce (siehe Seite 51)
2 süße rote Paprikaschoten, in Würfel geschnitten
2–3 schmale Zucchini, in Scheiben geschnitten
2–3 Auberginen (am besten lange und schmale Früchte mit festem Fleisch), in Würfel geschnitten
Meersalz
1 l Erdnuss- oder Pflanzenöl zum Frittieren (kein Olivenöl!)
1 kleine weiße Zwiebel, in feine Ringe geschnitten
200 g frischer Mozzarella, in kleine Würfel geschnitten
100 g Speck, in schmale Streifen geschnitten
4 EL Olivenöl extra vergine

Mamma Agatas Pizzateig (siehe Seite 152) und Mamma Agatas Tomatensauce (siehe Seite 51) zubereiten.
Alle Zutaten auf der Arbeitsfläche bereitstellen (1).
Paprika, Zucchini und Auberginen in ein Küchensieb geben und mit Salz bestreuen, um das Wasser und die Bitterstoffe aus dem Gemüse zu ziehen. 5–10 Minuten ruhen lassen.
Das Gemüse im heißen Öl goldbraun frittieren, dabei Mamma Agatas Anweisungen folgen (siehe Seite 43).
Das Olivenöl zusammen mit den Zwiebelringen in eine Pfanne geben. Die Zwiebeln bei kleiner Hitze etwa 5 Minuten goldgelb anschwitzen. Beiseitestellen.
Eine Handvoll Teig abnehmen und zu einer Kugel rollen. So lange fortfahren, bis der ganze Teig verbraucht ist (1). Die Teigkugeln mit den Händen zu runden Fladen von etwa 15 cm Durchmesser drücken (2).
Anschließend goldbraun frittieren (3), dabei Mamma Agatas Anweisungen (Seite 43) folgen.
Die Fladen aus dem heißen Fett nehmen und sofort belegen, damit der Mozzarella schmelzen und die anderen Zutaten ihr Aroma optimal entfalten können.

Den Boden immer erst mit Tomatensauce bestreichen, dann den Mozzarella hinzufügen und den restlichen Belag daraufgeben.

Hier einige Vorschläge von Mamma Agata (4–10):

1. Tomatensauce, Mozzarella und Basilikum (Margherita)
2. Tomatensauce, Mozzarella, Auberginen und Parmesan
3. Tomatensauce, Mozzarella, Speck und Zwiebeln
4. Tomatensauce, Mozzarella, Paprika und Parmesan
5. Zucchini und geräucherter Provolone

Pizza fritta ist ein ideales Partygericht. Ihre Freunde werden begeistert sein!

Ist Mario demnächst der Boss?

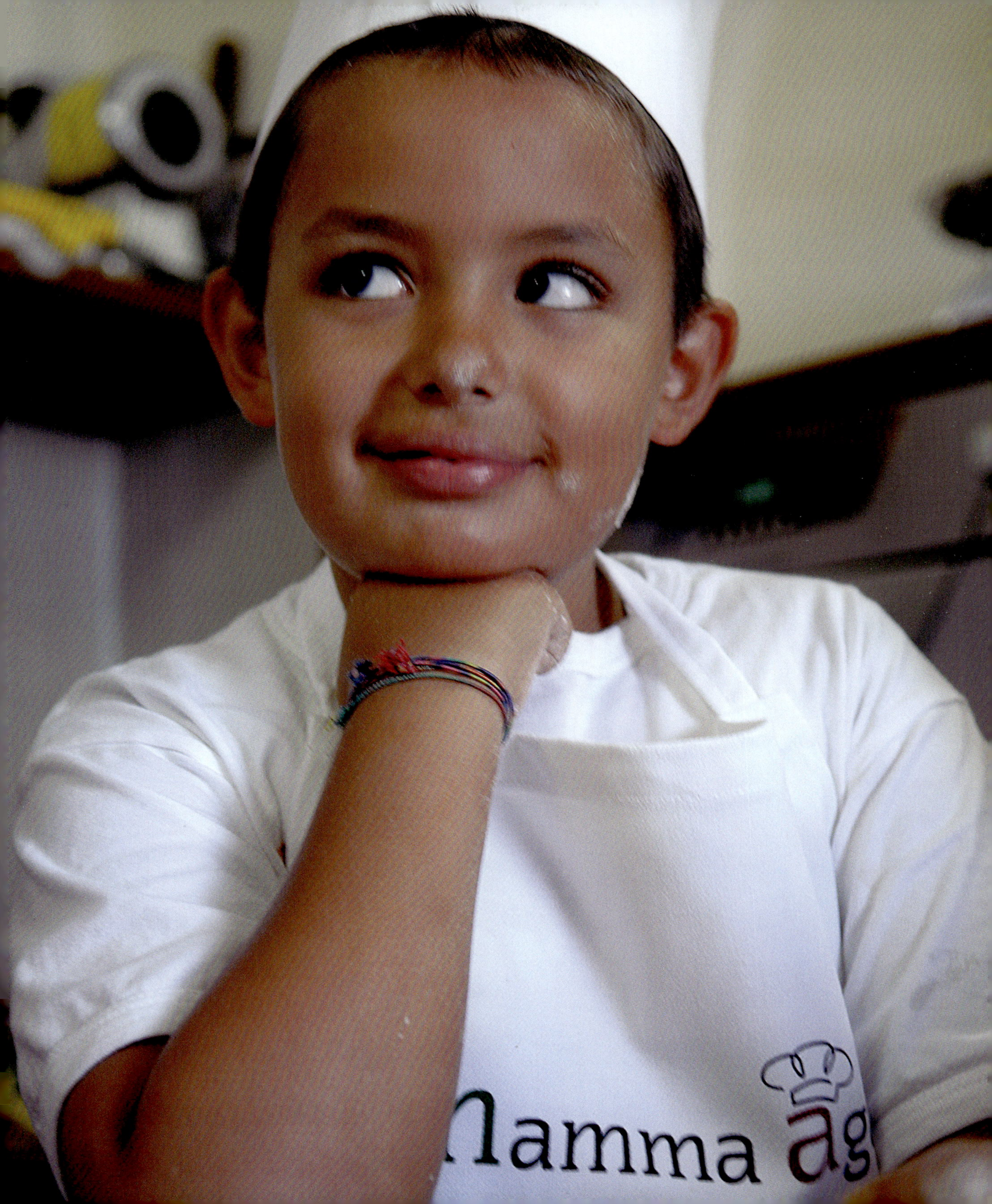
Mamma ag

Eine Verabredung mit Papà *Salvatore*

Agata war gerade vierzehn, als sie meinen Vater kennenlernte. Es war Liebe auf den ersten Blick. Salvatore arbeitete als Fahrer und Gärtner in der Villa Civita, Agata war dort Köchin. Bereits bei ihrem ersten Zusammentreffen funkte es zwischen den beiden. Und bis heute sind sie sich in Liebe zueinander zugetan.

Auch nach ihrer Heirat im Jahr 1964 blieben beide in der Villa Civita. Agata arbeitete auch während der Schwangerschaft mit meiner Schwester Giovanna. Kurz nach der Geburt wechselte Salvatore in ein Hotelrestaurant und arbeitete dort als Kellner. Nach vielen Jahren harter Arbeit wurde er zum Maitre d' hôtel befördert. Salvatores fast vierzigjährige Erfahrung im Gastronomiebereich war für unsere Kochschule unbezahlbar. Er brachte uns alles bei: vom perfekt gedeckten Tisch bis zum perfekten Servieren. Er zeigte uns aber auch, was man alles falsch machen kann! Von Anfang an war er unser Lehrmeister und hat auch heute noch ein wachsames Auge, wenn ein besonderes Ereignis im »Hidden Treasure« bevorsteht. Er nutzt jede Gelegenheit, selbst auf seinem Weg vom Garten ins Haus gibt er wertvolle Tipps, wenn er sieht, dass wir gerade auf der Terrasse den Tisch für eine Hochzeit, eine Dinnerparty oder eine andere Feier decken. Wir alle lieben und schätzen Papà Salvatore – wegen seiner herzlichen Art, aber auch als unersetzlicher Ratgeber.

Papà Salvatore hegt eine tiefe Liebe zur Natur und ihren Gaben. Er liebt die Tiere, er liebt seinen Garten und alles, was dort wächst und gedeiht. Bei jedem Wetter ist er draußen und sorgt dafür, dass für unsere Familie und für unsere Gäste nur das Beste auf den Tisch kommt. Egal, ob Tomaten, Paprika, Auberginen, Zucchini, Kräuter oder

Früchte, alles stammt aus dem eigenen Garten und wurde von Salvatore angebaut. Aus diesem Grund sind unsere Zutaten erntefrisch, gesund und garantiert naturbelassen! Besser geht's nicht!

Naturbelassen bedeutet bei uns, dass wir noch nie Pestizide verwendet haben und unser Obst und Gemüse nicht gentechnisch verändert sind. Uns hilft nicht die Chemie, sondern die Natur. So ernähren sich zum Beispiel Frösche und Eidechsen von den Insekten, die sich an unserem Gemüse gütlich tun wollen. Und wenn wir Froschquaken hören, wissen wir, dass die Schädlingsbekämpfer gerade wieder bei der Arbeit sind.

Salvatore orientiert sich beim Anbau von Gemüse, Kräutern und Obst am Mondkalender. Das Wissen über die Wirkung des Mondes auf die Pflanzen hat er von seinen Vorfahren übernommen, die ihre Erfahrungen von Generation zu Generation weitergegeben haben. Unsere Familie lebt seit über 250 Jahren auf diesem Land!

Papà Salvatores Gartentage sind lang. Von Montag bis Samstag steht er in aller Herrgottsfrühe auf und ist bereits ab halb 8 im Garten. Dort bleibt er, bis auf eine Mittagspause zum Essen und Ruhen, meistens bis 8 Uhr abends.

Und danach, wenn er doch eigentlich todmüde sein müsste, kümmert er sich noch um unsere Tiere: die Hühner, die Kaninchen, die Truthähne und Enten.

Wie alle Süditaliener lieben wir alle die Tomaten aus unserem Garten. Salvatore baut verschiedene Sorten an: Romatomaten, Kirschtomaten, San-Marzano-Tomaten, Strauchtomaten und Sorrento-Tomaten.

Jedes Jahr im Mai setzt Salvatore die Tomatenpflanzen. Sobald sie eine gewisse Höhe erreicht haben, baut er eine Art Rankhilfe, damit die Triebe nach oben wachsen und nicht auf den Boden hängen und absterben. Tomaten brauchen sehr viel Wasser und Salvatore tut alles, damit sie so werden, wie wir sie lieben.

Jeden Morgen notiert Mamma Agata alle Zutaten, die sie für den Unterricht in der Kochschule braucht, wie zum Beispiel Tomaten, Olivenöl und Kräuter. Salvatore kümmert sich darum, dass sie alles hat, was sie braucht. Was Kochen betrifft, ist sie sehr anspruchsvoll, und Papa Salvatore gibt sein Bestes, um seine Frau und ihre Schüler zufrieden zu stellen.

Sehr viel Zeit kostet die Pflege der Zitronenbäume. Sie sind sehr kälteempfindlich und wenn der Winter kommt, werden sie mit grünen Schutznetzen abgedeckt, ein Bild, das man zu dieser Jahreszeit überall an der Amalfiküste sehen kann. Die Netze schützen die jungen Zitronen vor dem Frost. Im Sommer werden sie wieder abgenommen, damit die Früchte viel Sonne abbekommen und durch den Hitzestau unter den Netzen nicht beeinträchtigt werden. Allein bei dieser Tätigkeit brauchen wir fünf Helfer! Außerdem müssen die Zitronenbäume natürlich geschnitten und fachgerecht gepflegt werden.

Die Zitronen sind für uns ebenso wichtig wie die Tomaten. Wir kochen und backen mit Zitronen, wir machen Limoncello-Likör und köstliche Marmeladen. Auch die Orangen und die Erdbeeren werden zu Marmeladen verarbeitet, viele andere Gartenfrüchte werden eingemacht.

Aus unseren per Hand gepflückten Oliven pressen wir fruchtig-würziges Öl, das naturrein und von einer hervorragenden Qualität ist und entscheidend zum einzigartigen Geschmack unserer Gerichte beiträgt.

Vergessen wir die Trauben nicht! In harter Arbeit ist es Salvatore gelungen, Rebstöcke zu pflanzen, die aromtische Trauben für unseren »Santi Medici« liefern, den wunderbaren Rotwein, den er zusammen mit meinem Mann Gennaro ausbaut. Und last but not least hat er auch noch Bienenstöcke gebaut und produziert naturbelassenen Honig.

Einen Gemüsegarten erfolgreich zu bewirtschaften, verlangt Ausdauer, Sorgfalt, Leidenschaft und liebevolle Hingabe, Eigenschaften, über die Papà Salvatore im Übermaß verfügt. Ohne ihn wäre das »Hidden Treasure« nicht das, was es ist. Er ist der »verborgene Schatz«, der all die köstlichen Gemüse, Früchte und Kräuter aus dem eigenen Garten liefert, aus denen Mamma Agata ihre unvergleichlichen Gerichte, ihre Konserven und ihre Liköre zaubert.

Im Zitronengarten.

Insalata mediterranea

Mediterraner Salat

Für 4 Personen
1 Kopf Eisbergsalat
½ Kopf Radicchio
frisches Gemüse, zum Beispiel:
2–6 Roma- oder Kirschtomaten
1 Karotte
1 Fenchel
20 frische Rucolablätter
1 Gurke
2 süße rote, gelbe oder orangefarbene Paprika
3 EL Olivenöl extra vergine
Saft von 1 Zitrone (oder 1–2 TL Essig, wenn Sie mögen)
2 Prisen Meersalz

Den Salat und das Gemüse sorgfältig waschen, in mundgerechte Stücke zupfen bzw. schneiden und in eine große Schüssel geben. Für das Dressing das Salz (1), das Olivenöl (2) und den Zitronensaft (oder den Essig) (3) hinzufügen. Alles gut miteinander vermengen und servieren.

Mamma Agatas kleines Geheimnis

Vermengen Sie alle Zutaten gründlich mit den Händen, damit sich die einzelnen Aromen harmonisch miteinander verbinden können.

Insalata di peperoni e melanzane

Paprika-Auberginen-Gemüse

Für 4 Personen
4 große Paprikaschoten, rot und/oder gelb
4 mittelgroße Auberginen, möglichst lange, schmale Früchte mit festem Fleisch
1 TL getrockneter Oregano
1 Prise Meersalz
2 Knoblauchzehen, fein gehackt
5 Basilikumblätter, fein gehackt
5 EL Olivenöl extra vergine
Zitronensaft

Den Backofen auf 160 °C vorheizen. Das Gemüse waschen und trocken reiben, nicht schälen.

Die Paprikaschoten und die Auberginen auf ein Backblech geben und etwa 10 Minuten im heißen Ofen garen (1). Die Früchte wenden und weitere 10 Minuten garen. Aus dem Ofen nehmen.

Mamma Agatas kleines Geheimnis

Legen Sie die Paprikaschoten und die Auberginen nach dem Garen in eine Papiertüte, dann lassen sie sich später leichter schälen.

Sobald man die Paprikaschoten und die Auberginen gut anfassen kann, die Früchte schälen und der Länge nach in Streifen schneiden (2). Auf eine Servierplatte geben und mit Oregano, Salz, Knoblauch und Basilikum bestreuen. Mit Olivenöl beträufeln (3).

Mamma Agatas kleines Geheimnis

Mit einem Spritzer Zitronensaft sind die Paprikaschoten leichter verdaulich.

Melanzane a Funghetto

Frittierte Auberginen mit Kirschtomaten

Für 4 Personen
4 mittelgroße Auberginen
Meersalz
4 EL Olivenöl extra vergine
1 Knoblauchzehe, in feine Scheiben geschnitten
20 Kirschtomaten, halbiert
5 Basilikumblätter, fein gehackt
1 TL getrockneter Oregano
1 l Erdnuss- oder Pflanzenöl zum Frittieren (kein Olivenöl!)

Mamma Agatas kleines Geheimnis

Für dieses Rezept ist die Auberginensorte entscheidend. Die Früchte sollten lang und schmal sein und festes Fleisch haben. Je weniger Wasser die Früchte enthalten, umso geschmackvoller wird das Gericht.

Die Auberginen waschen und den Stielansatz entfernen. In Würfel schneiden (1). In eine Schüssel geben und mit Meersalz bestreuen. 10 Minuten ruhen lassen, um dem Gemüse Wasser und Bitterstoffe zu entziehen. Das überschüssige Wasser sanft auspressen.

Tipp

Das Salz nicht abwaschen. Auberginen saugen Wasser auf wie ein Schwamm.

Die Auberginen goldbraun frittieren (2), dabei Mamma Agatas Frittieranweisungen (siehe Seite 43) beachten. Aus dem heißen Öl nehmen und auf Küchenpapier abtropfen lassen.
Das Olivenöl in einer großen antihaftbeschichteten Pfanne erhitzen und den Knoblauch goldgelb anschwitzen. Kirschtomaten (3), Basilikum und Oregano (4) hinzufügen. Zugedeckt bei mittlerer Hitze etwa 5 Minuten schmoren.
Die Auberginen hinzufügen (5). Das Ganze weitere 5 Minuten schmoren, dabei hin und wieder umrühren. Sofort servieren!

Einfach köstlich! Egal, ob mit Pasta, frisch geröstetem Brot, als Pizzabelag oder einfach nur so …

Basilikum
Kräuter sind aus der Mittelmeerküche nicht wegzudenken. Besonders Basilikum ist für viele italienische Gerichte unersetzlich. Dabei ist dieses Kraut, auch Königskraut genannt, nicht einmal italienischen Ursprungs. Es ist in Südindien beheimatet, einer sehr warmen Region, denn nur in der Sonne kann sich sein unnachahmliches Aroma entfalten. Was vielleicht manche Leser nicht wissen: Nicht nur die Basilikumblätter sind essbar, auch die Blüten und Stiele kann man verwenden.

Mamma Agata und Gennaro beim gemeinsamen Kochen.

Mamma agata
COOKING SCHOOL ON THE AMALFI COAST
Mamma agata
COOKING SCHOOL ON THE AMALFI COAST

Patate con olio e prezzemolo

Petersilienkartoffeln

Für 4 Personen
1 kg kleine Kartoffeln (vorzugsweise rote)
1 EL Petersilie, fein gehackt
6 EL Olivenöl extra vergine
1 TL Meersalz

Die Kartoffeln waschen, schälen und in mundgerechte Würfel schneiden.
Salzwasser zum Kochen bringen und die Kartoffeln 5–10 Minuten weich kochen.
Anschließend abgießen und die Kartoffeln auf einer Servierplatte anrichten (1).
Mit der Petersilie bestreuen (1), mit Olivenöl überziehen (2) und salzen.
Die Kartoffeln können als Hauptgericht oder auch als Beilage serviert werden.

Alternative: Die gekochten Kartoffeln abkühlen lassen. Thunfisch, Mayonnaise und Kapern hinzufügen und sorgfältig miteinander vermengen. Etwa 1 Stunde im Kühlschrank ziehen lassen und anrichten.

Zucchine alla scapece

Frittierte Zucchini

Für 4 Personen
1 kg große Zucchini
2 Prisen Salz
3 Knoblauchzehen, geschält
1 l Erdnuss- oder anderes Pflanzenöl zum Frittieren (kein Olivenöl!)
6 TL Weißweinessig
10 frische Minzeblätter, klein geschnitten

Mamma Agatas kleines Geheimnis
Große Zucchini sind zum Frittieren besser geeignet; sie halten besser ihre Form.

Die Zucchini waschen und in etwa 1 cm dicke Scheiben schneiden. In eine Schüssel geben und mit Meersalz bestreuen. Etwa 5 Minuten ruhen lassen, um den Zucchini Wasser zu entziehen. Anschließend mit Küchenpapier die überschüssige Feuchtigkeit abtupfen.

Die Zucchinischeiben mit den Knoblauchzehen in eine Pfanne mit heißem Öl geben und goldbraun frittieren (2, 3), dabei Mamma Agatas Frittieranweisungen folgen (siehe Seite 43). Anschließend aus dem heißen Öl nehmen und auf Küchenpapier abtropfen lassen. Den Knoblauch wegwerfen.
Die frittierten Zucchinischeiben auf eine Servierplatte geben, mit Essig beträufeln und mit der Minze bestreuen.

Folgende Doppelseite: festlich dekorierte Terrasse im »Hidden Treasure«.

Dolce al limone di Mamma Agata

MAMMA AGATAS ZITRONENKUCHEN

250 g Butter + 1 ½ EL Butter
für die Form
300 g Zucker
300 g feines Weizenmehl (Type 405
oder italienisches Mehl tipo 00)
4 Eier
1 Prise Meersalz
abgeriebene Schale von 2 großen
oder von 4 kleinen Bio-Zitronen
2 EL Backpulver
125 ml Vollmilch
50 g geröstete Haselnüsse,
gehackt

Für die Zitronensauce:
Saft von 3 Zitronen
8 EL Zucker
300 ml Wasser

Den Backofen auf 175 °C vorheizen. Die Butter in der Küchenmaschine auf höchster Stufe mindestens 2 Minuten schaumig schlagen (1).

Den Zucker hinzufügen und mit der schaumigen Butter zu einer cremigen Masse aufschlagen (1). Das Mehl mit dem Backpulver mischen und beiseitestellen.

Mamma Agatas kleines Geheimnis

Mamma Agata verwendet für alle ihre Rezepte italienisches Weizenmehl tipo 00. Dieses Mehl ist sehr fein und muss nicht durchgesiebt werden.

Anschließend nach und nach die Eier, das Salz und den Zitronenabrieb in die Küchenmaschine geben. Unter ständigem Rühren ein Viertel des Mehl-Backpulver-Gemischs hinzufügen (2), anschließend ein Viertel der Milch (3). Diesen Vorgang noch dreimal wiederholen, bis alles aufgebraucht ist.
Das Ganze auf mittlerer Stufe noch weitere 5 Minuten durchrühren, bis der Teig eine luftige Konsistenz hat.

Tipp

Nach der Zugabe von Backpulver einen Teig nie länger als 5 Minuten rühren.
Die Backform (Mamma Agata verwendet für diesen Kuchen eine große Guglhupfform) mit Butter ausstreichen (4) und anschließend mit Mehl bestäuben (5), damit sich der Kuchen nach dem Backen leicht aus der Form lösen lässt. Den Teig in die Form füllen (6) und im heißen Ofen etwa 40 Minuten backen.

Mamma Agatas kleines Geheimnis

Während des Backens die Ofentür nicht öffnen, sonst geht der Kuchen nicht richtig auf.

In der Zwischenzeit die Zitronensauce vorbereiten. Den Zitronensaft mit dem Zucker mischen und so lange rühren, bis sich der Zucker vollständig aufgelöst hat. Das Wasser hinzufügen und das Ganze gut durchmischen.
Den fertigen Kuchen etwa 2 Stunden ruhen lassen.
Anschließend den auf Zimmertemperatur abgekühlten Kuchen in der Form vorsichtig lockern, damit er sich später leichter auf die Kuchenplatte stürzen lässt.

Gehen Sie dabei folgendermaßen vor:
1. Eine runde Kuchenplatte auf die Form legen.
2. Die Form umdrehen und ein wenig rütteln, so dass der Kuchen sich löst.
3. Die Form sofort wieder über den Kuchen stülpen.
4. Die Form wieder umdrehen und den Teller beiseitestellen.

Tipp

Falls sich der Kuchen nicht aus der Form lösen lässt, stellen Sie ihn einige Minuten in den Ofen zurück und versuchen es noch einmal.

Wenn Sie die Zitronensauce über dem Kuchen verteilen, ist es wichtig, systematisch vorzugehen, damit er schön saftig wird. Für diesen Arbeitsschritt brauchen Sie etwa 30 Minuten Zeit.
1. In drei Schritten etwa alle 10 Minuten Zitronensauce über den Kuchen gießen. Etwas Sauce beiseitestellen (7).
2. Nach etwa 30 Minuten den Kuchen auf eine Kuchenplatte stürzen und die restliche Sauce gleichmäßig über den Kuchen gießen (8).

Mit den Haselnüssen bestreuen (9) und genießen!

Humphrey Bogart und der Zitronenkuchen

Mamma Agata hatte die Ehre, für Humphrey Bogart zu kochen, als er in Ravello einen Film drehte. Der Schauspieler wohnte während dieser Zeit mit seiner Frau Lauren Bacall einige Tage in der Villa Civita.
Mamma Agata schwärmte immer, was für ein eleganter, bescheidener und wohlerzogener Mann Humphrey Bogart war. Und er hatte einen feinen Sinn für Humor.
Er war es auch, der ihr den Namen »Baby Agata« verpasste.
Humphrey Bogart schätzte die einfachen Freuden des Lebens, entspannte gerne mit einem guten Buch und liebte Mamma Agatas Zitronenkuchen, den er zum Frühstück, zum Mittag- und zum Abendessen verspeiste.
»Baby Agata« wiederum schätzte den Menschen Humphrey Bogart genauso sehr wie er ihren Kuchen.

Pasta Frolla

Mamma Agatas Mürbteig

500 g feines Weizenmehl (Type 405
oder italienisches Mehl tipo 00)
4 TL Backpulver
200 g Zucker
1 Prise Meersalz
200 g weiche Butter, in Würfel geschnitten
abgeriebene Schale von 1 Bio-Zitrone
2 Eier
2 Eigelb

Mamma Agatas kleines Geheimnis

Mamma Agata verwendet für alle ihre Rezepte italienisches Weizenmehl tipo 00. Es lohnt sich, auch in Deutschland danach zu suchen!

Das Mehl kreisförmig auf der Arbeitsfläche verteilen und eine Vertiefung in die Mitte drücken (1).
Backpulver, Zucker, Salz, Butter (2) und den Zitronenabrieb in die Vertiefung geben (3).

Mit den Händen alles sorgfältig kneten (4) und erneut eine Vertiefung in die Mitte drücken.
Die Eier und die Eigelbe in die Vertiefung geben (5).
Das Ganze mit den Händen wiederum sanft kneten (6), bis ein homogener Teig entsteht (7).

Tipp
Kneten Sie den Teig nicht zu lange, sonst wird er zäh.

Den Teig in Klarsichtfolie wickeln und über Nacht im Kühlschrank ruhen lassen.

Am nächsten Morgen ist der Teig backfertig. Jetzt müssen Sie nur noch Ihre Lieblingszutaten wählen. Wie es weitergeht, können Sie im Rezept für Mamma Agatas Apfelkuchen nachlesen (siehe Seite 189).

Crostata di mele

Mamma Agatas Apfelkuchen

Mamma Agatas Mürbteig
(siehe Seite 185)
2 Äpfel, geschält, entkernt
und in schmale Spalten geschnitten
50 g Pinienkerne
50 g Sultaninen oder Rosinen
Saft von 1 großen
oder von 2 kleinen Zitronen
Saft von 1 Orange
50 g Zucker
20 g Haselnüsse, gehackt
20 g Schokostreusel
1 TL Zimt
1 ½ EL Butter für die Form
Mehl für die Arbeitsfläche
und zum Ausstäuben der Form
10 Löffelbiskuits
(oder ähnliche trockene Kekse)

Mamma Agatas Mürbteig zubereiten und beiseitestellen.
Alle anderen Zutaten (außer der Butter und den Biskuits) in eine Schüssel geben und sorgfältig miteinander vermengen (1–4).
Etwa 1 Stunde in den Kühlschrank stellen.

Mamma Agatas kleines Geheimnis
Während der Ruhezeit im Kühlschrank können sich die Aromen der einzelnen Zutaten entfalten und harmonisch miteinander verbinden.

Etwa 10 Minuten bevor die Zutaten aus dem Kühlschrank genommen werden, die Arbeitsfläche mit Mehl bestreuen (5).
Den Backofen auf 150 °C vorheizen.
Den Teig mit dem Nudelholz etwa 1 cm dick ausrollen (6).
Den Boden einer Tarteform mit der Butter ausstreichen und mit Mehl bestäuben, überschüssiges Mehl entfernen.
Die Hälfte des Teigs in die Form geben und gleichmäßig auf der ganzen Fläche verteilen (7, 8).
Den überschüssigen Teig am oberen Rand der Form mit einem gezackten Teigrädchen (oder hilfsweise mit einem Messer) abschneiden (9).
Anschließend die Biskuits auf dem Teig zerbröseln (10).

1

2

3

Mamma Agatas kleines Geheimnis

Die Löffelbiskuits sind ein Geheimtipp. Sie nehmen die Feuchtigkeit der Äpfel, Zitronen und Orangen auf, so dass der Teig schön kross wird.

Die Zutaten auf dem Teig verteilen (11).
Den restlichen Teig nochmals ausrollen und in Streifen schneiden, dabei darauf achten, dass die Länge dem Durchmesser der runden Backform entspricht. Die Teigstreifen in einem Gittermuster auf die Füllung legen (12).
Den Kuchen im heißen Ofen etwa 30 Minuten goldbraun backen.
Warm servieren, gerne auch mit einer Kugel Vanilleeis.

Mamma Chiara und Töchterchen Paola.

amma agata
COO
SCHOOL ON THE AMALFI COAST

Zeppole di Mamma Agata

MAMMA AGATAS KARTOFFELKRINGEL

150 g Butter
125 ml Vollmilch
6 Eier
850 g Kartoffeln
1 kg feines Weizenmehl (Type 405 oder italienisches Mehl tipo 00)
150 g Zucker
3 TL Zimtpulver
2 EL Backpulver
1 Prise Meersalz
1 TL Vanilleextrakt
abgeriebene Schale von 1 Bio-Zitrone
50 g frische Hefe (oder 1 Tüte Trockenhefe)
1 l Erdnuss- oder Pflanzenöl zum Frittieren (kein Olivenöl!)

Für die Zucker-Zimt-Zucker-Mischung:
250 g Kristallzucker
2 TL Zimtpulver

Alle Zutaten für den Teig auf der Arbeitsfläche bereitstellen (1).
Die Butter und die Milch in einen Topf geben und beiseitestellen (das beschleunigt die späteren Arbeitsschritte).
Die Eier in eine Schüssel schlagen.
Die Kartoffeln waschen und in Salzwasser nicht zu weich garen. Aus dem Wasser nehmen und etwas abkühlen lassen. Anschließend schälen und beiseitestellen (1).

Mamma Agatas kleines Geheimnis

Die Kartoffeln mit der Schale in kaltes Salzwasser geben und etwa 50 Minuten kochen lassen. Vor dem Schälen etwas abkühlen lassen, dann verbrennt man sich nicht die Finger und das Aroma bleibt erhalten.

Das Mehl kreisförmig auf die Arbeitsfläche geben und eine Vertiefung in die Mitte drücken.
Zucker, Zimt, Backpulver, Salz und den Vanilleextrakt dazugeben (2).
Den Zitronenabrieb ebenfalls hinzufügen (3).
Alles mit den Händen sorgfältig miteinander vermischen (4).
Wieder eine Vertiefung in die Mitte drücken (5).
Die Kartoffeln mit einem Kartoffelstampfer zerdrücken und in die Mehlmischung einarbeiten (5).
Den Topf mit der Milch und der Butter auf den Herd stellen und die Butter bei kleiner Hitze zerlassen. Vom Herd nehmen und etwas abkühlen lassen, die Butter muss flüssig bleiben.

Die Hefe in der Butter-Milch-Mischung auflösen und zur Mehl-Kartoffel-Mischung geben (6). Die Eier hinzufügen. Alles sorgfältig miteinander vermengen und mindestens 5 Minuten zu einem homogenen Teig kneten.

Mamma Agatas kleines Geheimnis

Vermischen Sie zuerst die flüssigen Zutaten und kneten Sie dann von der Mitte aus beginnend das Ganze zu einem geschmeidigen Teig (8).

Den Teig kräftig kneten (9), zwischendurch immer wieder auf die Arbeitsfläche fallen lassen, damit er geschmeidig wird.
Einen Streifen Teig abschneiden (10) und zu einer Wurst mit einem Durchmesser von 2–3 cm formen (11).

Tipp

Beim Frittieren kommt es auf die Form der Teigkringel an, experimentieren Sie ein wenig!

Die Teigwürste zu einem geschlossenen Kringel formen (12).
Die Zeppole auf ein bemehltes Tablett setzen und beiseitestellen.
Etwa 90 Minuten aufgehen lassen.

Mamma Agatas kleines Geheimnis
Die Zeppole an einen warmen Ort ohne Zugluft stellen, dann gehen sie am besten auf.

Die Zeppole goldbraun frittieren (13), dabei Mamma Agatas Frittieranweisungen folgen (siehe Seite 43).
In der Zwischenzeit in einer Schüssel Zucker und Zimt mischen. Die Zeppole aus dem Öl nehmen, das überschüssige Fett auf Küchenpapier kurz abtropfen lassen und sofort in der Zucker-Zimt-Mischung wälzen, damit das Aroma gut einziehen kann (14). Heiß servieren!

9

10

11

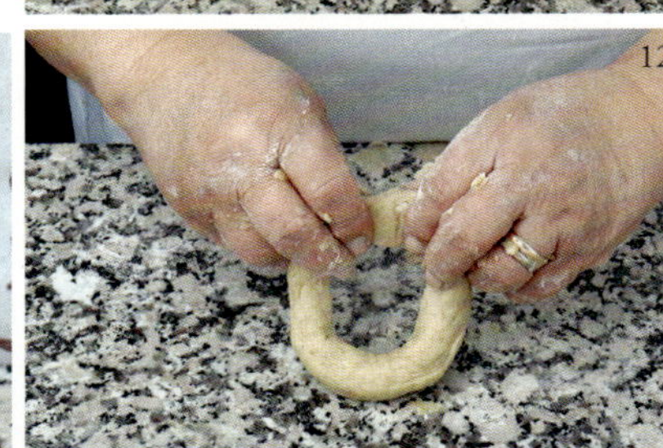
12

13

14

Limoncello

ZITRONENLIKÖR

6–7 große Bio-Zitronen (oder 10 kleine)
1 l reiner Alkohol oder Wodka
1,25 l Wasser
700 g Zucker
1 großes Glasgefäß (um die Zesten
und den Alkohol aufzunehmen)

Mamma Agatas kleines Geheimnis

Für dieses Rezept müssen die Zitronen erntefrisch sein, weil die Schalen dann den intensivsten Geschmack haben. Sie können gerne auch einige grüne, d. h. unreife Zitronen verwenden.

Die Zitronen mit dem Sparschäler schälen (1) und die Schalen in ein großes Glasgefäß geben (2). (Versuchen Sie, nur Streifen aus der äußeren Fruchtschale zu verwenden, möglichst keine Haut.)

Den Alkohol dazugießen (2, 3).

Das Gefäß mit Klarsichtfolie abdecken und an einem kühlen Ort sieben Tage durchziehen lassen.

Am sechsten Tag das Wasser zum Kochen bringen, den Zucker dazugeben, dabei ständig rühren, bis sich der Zucker aufgelöst hat. Den Sirup über Nacht an einem kühlen Ort stehen lassen.

Am siebten Tag die Schalen aus dem Alkohol nehmen und wegwerfen (4, 5).

Den Zuckersirup in das Glasgefäß gießen und gut umrühren (6). Gut gekühlt servieren!

Vorhergehende Doppelseite: die Amalfiküste, … das Land, wo die Zitronen blühen.

Tipp

Dieser Limoncello hält sich ein bis zwei Jahre. Den Likör in Flaschen umfüllen, mit einem Korken oder einem Drehverschluss verschließen und im Keller oder in der Speisekammer aufbewahren. Vor dem Servieren gut kühlen!

Der Limoncello aus Amalfi

Von den herrlichen Gärten der Amalfiküste kommt ein Likör mit einem wahrlich einzigartigen Geschmack: Limoncello. Seine Ursprünge sind ungewiss. Waren es ehemals Fischer und Bauern, die bereits zur Zeit der Sarazener dieses Göttergetränk herstellten? Waren es Mönche, die sich zwischen Gebet und anderen Verrichtungen daran labten? Wie dem auch sei. Fest steht, dass bereits im 19. Jahrhundert große Familien aus Sorrent, Amalfi und Ravello ihre Gäste mit einem Zitronenlikör nach alter Rezeptur bewirteten. Verantwortlich für den einzigartigen Geschmack dieses Nektars sind die Zitronen, die auf terrassierten Gärten an der steilen Küste angebaut werden – und dies unter der heißen Sonne, die 300 Tage im Jahr den Früchten einen Geschmack verleiht, den man bei jedem Schluck schmeckt.

Limoncello wird kalt und aus gekühlten Gläsern getrunken. Er eignet sich auch für Nachtische, besonders in Verbindung mit Eis, und macht aus einem Fruchtsalat ein königliches Dessert.

Gennaro bereitet Limoncello zu.

Ravello

Eine elegante Dame sitzt oben auf de

Ich hatte einmal das Vergnügen, einen berühmten Journalisten durch die verwunschenen, engen Gassen Ravellos führen zu dürfen, die unser Städtchen so unvergleichlich machen. Oben angekommen, verweilten wir auf einer Panoramaterrasse, von der aus man eine atemberaubende Aussicht hat. Während wir den Blick genossen, sagte er einen Satz, der mir für immer im Gedächtnis haften bleiben wird: »Ravello ist eine elegante Dame, die oben auf dem Hügel sitzt und das Leben beobachtet, das an ihr vorbeizieht.«

Das malerische Städtchen scheint zwischen Himmel und Meer zu hängen, einem Meer, dessen Farbe von Tiefblau zu Smaragdgrün wechselt. Die terrassenförmigen Hügel leuchten in den kräftigen Farben der Gärten, die Luft ist erfüllt vom betörenden Duft mediterraner Flora. Das ganze Jahr sorgt eine frische Meeresbrise für Wohlbefinden und neue Energie. All das macht Ravello zu einem begehrten Reiseziel.

Hügel und beobachtet das Leben, das an ihr vorbeizieht ...

Ravello gilt es nach und nach zu entdecken: Zuerst die wuchtige Kathedrale aus dem Jahr 1087. Sie liegt im Herzen der Stadt an der Piazza del Vescovado. Unweit der Kathedrale befindet sich die Villa Rufolo aus dem 13. Jahrhundert. Der einstige Wohnsitz der mächtigen Adelsfamilie Rufolo ist heute ein Symbol Ravellos.

Nur etwa zehn Gehminuten von der Piazza del Vescovado entfernt gibt es ein weiteres Juwel zu entdecken: die einzigartige Villa Cimbrone mit ihren weitläufigen Gartenanlagen, mit Springbrunnen, Laubengängen und zahlreichen Kopien römischer Kunstwerke.

Nicht zuletzt ist Ravello eine Stadt der Musik. Bereits seit den 1950er Jahren findet hier jährlich im Juli das berühmte Ravello-Festival zu Ehren Richard Wagners statt. Darüber hinaus bietet Ravello das ganze Jahr hindurch Konzerte verschiedener Musikrichtungen an.

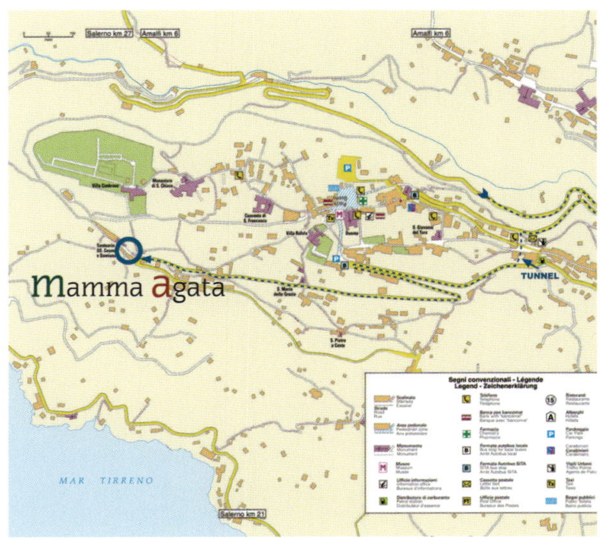

Anhang

Die Rezepte

Kleine Häppchen

Vorspeisen

Pasta

Dank

Ein besonderer Dank geht an Laura Faust, die für die Entstehung dieses Buches unersetzlich war.

Ich danke Stephanie Bavaro für die Hilfe bei den Rezepten, für ihren großen Sinn für Humor und ihre positive Einstellung.

Ich danke außerdem allen Menschen, die mir auf dem Weg zu diesem Buch zur Seite gestanden haben, darunter die Fotografen, die Grafiker und nochmals meinem Ehemann Gennaro; denn ihm ist dieses Buch gewidmet.

Die Originalausgabe mit dem Titel *Mamma Agata* wurde erstmals
2009 bei Mamma Agata
The Hidden Treasure Sas di Chiara Lima e C. veröffentlicht.

Wien · Graz · Klagenfurt
www.styriabooks.de

styria BOOKS

Umschlaggestaltung: www.buero-jorge-schmidt.de
Grafische Gestaltung: Giulia Di Bartolomeo, white-studio.it
Layout und Satz: Elisabeth Petersen, München
Fotos: Roberto Sammartini (Food): Michele Pappalardo (step by step); Roberto Sammartini, Michele Pappalardo, Massimo Amendola, Alfonso Longobardi (Reportage);
alle übrigen Fotos: Agata Amato/Chiara Lima

Printed in Slovak Republic

ISBN 978-3-99011-046-1